AF561052

CATALOGUE

DU FONDS DE MUSIQUE

de

IGN. PLEYEL & C°,

À

PARIS

Boulevart Montmartre.

Catalogue

Des Ouvrages composant le Fonds de Musique de

IGNACE PLEYEL ET Cie,

BOULEVART MONTMARTRE.

ÉDITEURS DES COLLECTIONS COMPLÈTES DE HAYDN ET MOZART, DES COLLECTIONS DE BOCCHERINI ET G. ONSLOW, DES OEUVRES DE BEETHOVEN, H. BERTINI, CLEMENTI, CZERNY, DUSSEK, HUMMEL, KALKBRENNER, MAYSEDER, IGNACE ET CAMILLE PLEYEL, STEIBELT, TULOU, ETC.

Ouvrages

THÉORIQUES ET ÉLÉMENTAIRES.

	fr.	c.
Fétis (F.-J.). Solféges progressifs, *avec accompagnement de piano*, précédés des principes de la musique. Cet ouvrage présente aux élèves les élémens de l'art musical dans l'ordre le plus naturel et le moins compliqué. 2590.	30	
Rodolphe. Solféges ou nouvelle méthode de musique, divisée en deux parties. La première contient la théorie de cet art; la seconde, les leçons nécessaires pour parvenir aux difficultés. Nouvelle édition très soignée. 815. . .	15	
— avec les passages trop hauts transposés pour faciliter les voix des jeunes élèves, et *un accompagnement de piano* sous chaque leçon, par Defrance. 815. A. . .	30	
Solféges d'Italie. Nouvelle édition, belle gravure sur étain fin, imprimée sur beau papier et brochée. 189.	30	
Bach (J.-S.). L'Art de la fugue à quatre parties.	24	
Troestler (B.). Traité d'harmonie et de modulation selon les six mouvemens de la basse.	15	

POUR LE PIANO.

	fr.	c.
Clementi (Muzio). Méthode contenant les élémens de la musique et des élémens préliminaires sur le doigté, accompagnés d'exemples et suivis de 50 leçons doigtées par les compositeurs les plus célèbres, tels que Handel, Bach, Scarlati, Haydn, Mozart, Beethoven, Pleyel, Dussek, Cramer et autres, avec des cours préliminaires par l'auteur. 457.	15	
*Kalkbrenner (Fréd.). Op. 108. Méthode à l'aide du Guide-Mains, contenant les principes de musique, un système complet de doigté, la classification des auteurs à étudier, des règles sur l'expression, sur la manière de phraser, sur la ponctuation musicale, etc., suivie de douze études expressément composées pour donner de l'indépendance aux doigts. K.	25	
Pleyel et Dussek. Méthode contenant les principes essentiels du doigté et une nouvelle manière d'accorder cet instrument, revue, corrigée et augmentée d'airs d'opéras nouveaux des meilleurs compositeurs (3e édit.). 121.	15	
Viguerie (B.). Méthode, 1re partie. 137.	9	
Bach et Handel. Fugues arrangées à quatre mains, par J. Pleyel.	6	
Beethoven (L. Van). Op. 39. Deux préludes dans les douze tons majeurs.	3	
Bertini (Henri). Op. 84. Rudiment du pianiste ou réunion des exercices les plus indispensables pour acquérir un mécanisme parfait. 1re partie. 2793.	15	
— — 2e 2793.	9	
— — Les deux parties réunies. 2793.	20	
Bigot (P.). Op. 5. Études dédiées à Mlle Davin. 2599.	9	
Boëly (A.-P.-F.). Op. 6. Trente études dédiées à M. Fréd. Kalkbrenner. 2779.	18	
Clementi (Muzio). Étude journalière des gammes dans tous les tons majeurs et mineurs. 2066.	4	50
Cramer (J.-B.). Études en quarante-deux exercices de différens tons. 2e livre. 1135, 1136.	18	
— Vingt-cinq nouveaux exercices, composés expressément pour servir d'introduction aux quatre-vingt-quatre déjà publiés. 577.	12	
— Exercices préparatoires composés dans l'intention de servir d'acheminement aux études de Clementi, Cramer, Wœlf, etc. 1845.	7	50
— L'utile Délassement ou choix de petits exercices agréables. N° 1. 1193. A.	5	
— — 2. 1193. B.	5	
— — 3. 1193. C.	5	
Czerny (Ch.). Op. 161. Quarante-huit études en forme de préludes et cadences dans tous les tons majeurs et mineurs. 2687.	12	
Duchambge (P.). Trois études et un caprice.	5	
Dussek (J.-L.). Douze leçons progressives, dans lesquelles se trouvent introduits des airs de différentes nations. 14. . .	12	
Field (John). Exercices.	2	50

fr. c.

FIELD (John). Exercices modulés dans tous les tons majeurs et mineurs. 3

FLÉCHÉ (J.-E.). Études, 1er livre. 4 50

* HERZ (Henri). Collection d'exercices à l'usage des élèves qui désirent faire des progrès. 7 50

KALKBRENNER (Fréd.). Op. 88. Vingt-quatre préludes dans tous les tons majeurs et mineurs, pouvant servir d'exemple pour apprendre à préluder. 666, 667. 18

KŒHLER (Henri). Op. 146. Vingt-quatre préludes faciles et progressifs dans tous les tons majeurs et mineurs. 156. 6

KRUFFT (Nicolas). Vingt-quatre préludes et fugues dans les douze tons des modes majeurs et mineurs. 24

RODOLPHE (auteur du solfége). Études modulées, soigneusement revues, classées et doigtées par MM. Désorméry, Hérold et C. Pleyel (œuv. posth.). 12

REICHA (Ant.). Six fugues. 979. . . . . 7 50

* CZERNY (Ch.). L'Art d'improviser. 24

FÉTIS (F.-J.) Traité de l'accompagnement de la partition sur le piano ou l'orgue. 2193. 12

MOZART. Instruction pour composer autant de walses que l'on veut par le moyen de deux dés, sans connaître la musique. 1171. . . . . 3 50

POUR LA HARPE.

DIZI (F.). Quarante-huit exercices ou études pour la harpe à double mouvement. 1re partie. 2101. 9

— — 2e 2106. 9

— — 3e 2434. 9

— (à paraître). 4e 9

*** Étude sur l'air des Folies d'Espagne, avec des variations. 1 50

POUR LA GUITARE.

DEFRANCE. Méthode contenant la théorie de l'instrument et des exemples pour en faciliter l'application, suivis de divers morceaux progressifs et agréables pour vaincre les difficultés, par Ferd. Carulli. 2398. 12

PHILIS. Méthode dans laquelle on démontre tout ce qu'on peut faire sur cet instrument, avec des préludes dans tous les tons les plus usités et diverses pièces faciles pour former les élèves. 9

CARULLI (Ferdinando). Vingt-quatre pièces faciles et progressives. 2398. 9

GIULIANI. Douze leçons progressives. 3

LHOYER (A.). Op. 27. Six exercices. 4 50

PHILIS. Op. 16. Préludes, gammes, etc., nécessaires à ceux qui se proposent de bien connaître cet instrument. 899. . 7 50

POUR LE VIOLON.

MOZART (L.). Méthode (nouv. édit.) enrichie des chefs-d'œuvre de Corelli, Tartini, Geminiani, Locatelli, Cristiniani, etc., par Woldemar. 15

POLLEDRO (J.-B.). Exercices amusans. 5

RODOLPHE (auteur du solfége). Études composées de trente-six morceaux de différens genres. 15

ROLLA (A.). Vingt-quatre études, avec accompagnement d'un second violon. 1989. . . . . 7 50

OUVRAGES THÉORIQUES ET ÉLÉMENTAIRES.

POUR LE VIOLONCELLE.

fr. c.

BAUDIOT (Charles). Op. 25. Méthode adoptée pour l'enseignement de l'école royale de musique. 1re partie. 369. 30

— — — 2e 2182. 30

— Op. 28. Études servant d'introduction à la 2e partie de sa méthode. 1er livre. 25. 10

— — 2e 26. 10

— Instruction pour les compositeurs, ou notions sur le mécanisme, le doigté, et sur la manière d'écrire pour cet instrument. 2183. 9

DOTZAUER (J.-F.). Op. 35. Vingt-quatre caprices dans tous les tons. 27. . . . . 7 50

— Op. 47. Douze études ou exercices. 1er livre. 384. . . 4 50

— 54. — — 2e 1887. . . 4 50

— 70. — — 3e 1899. . . 6

POUR LA FLUTE.

DROUET (L.). Méthode. 1re partie, contenant les principes de musique, des leçons progressives et des sonates faciles. 1977. 24

— 2e partie, contenant quarante-six exercices. 1977. . . 12

— Les deux parties réunies et brochées. 1977. 30

LEROY (P.). Petite méthode (2e édit.). 750. . . . . 4 50

VANDERHAGEN (A.). Méthode divisée en deux parties, contenant les principes nécessaires pour bien jouer de cet instrument, détaillés avec clarté et précision, et un supplément pour l'emploi des clefs ajoutées (2e édit.). 191. 18

— La 1re partie de ladite méthode, contenant seulement les principes et les leçons. 191. 9

DROUET (L.) Douze leçons progressives (extraites de la méthode). 1977. 6

— Quarante-six exercices de tous genres (ext. de la méth.). 1re partie. 1977. . . . . 7 50

— 2e 1977. . . . . 7 50

— Grand exercice (ext. de la méth.). 1977. . . . . . . 4 50

— Étude modulée dans les tons les plus agréables. 2697. 3

— Dix-huit préludes et six cadences dans les modes les plus usités. 2666. . . . . 3 75

GABRIELSKY (W.). Op. 66. Quatre-vingt-quatorze préludes propres à s'exercer par cœur. 4 50

WEISS (Charles). Études contenant un choix de pièces mélodieuses, brillantes et instructives. 5

POUR LA CLARINETTE.

VANDERHAGEN (A.). Méthode contenant les premiers élémens de la musique et les principes pour bien jouer de cet instrument, très utile aux personnes qui désirent y parvenir en peu de temps (2e édit.). 208. 18

— La 1re partie, contenant les principes et les leçons. 208. 9

— Nouvelle méthode à douze clefs, avec leur application aux notes qu'on doit faire avec les sept clefs ajoutées à la clarinette ancienne, ainsi que leur utilité; suivie de tous les principes de musique et de leçons graduées, et convenable aux commençans, avec des airs, duos, polonaises et plusieurs études. 1356. 24

LEROY (P.). Petite méthode (2e édit.). 1056. . . . . 4 50

BÆRMANN (H.). Op. 30. Exercices dédiés aux amateurs. 6

POUR LE HAUTBOIS.

fr. c.

GARNIER (1er hautbois de l'Académie royale). Méthode contenant les principes nécessaires pour bien jouer de cet instrument, la manière de faire les anches ; avec des gammes dans tous les tons et des leçons graduées propres à former les élèves. 461. 18

VÉNY (de l'Académie royale). Méthode abrégée. 2164. 18

BRAUN (J.-F.). Vingt-quatre exercices, avec accompagnement de piano. 6

GARNIER. Études et caprices. 7 50

POUR LE FLAGEOLET.

BELLAY et VISIEN. Méthode. Les auteurs entrent dans tous les détails relatifs à cet instrument et indiquent les moyens que les compositeurs doivent employer pour en faire ressortir les beautés. Cette méthode renferme aussi des leçons et de grands duos tirés des solféges d'Italie, et des études progressives sur la gamme. 15

LEROY (P.). Petite méthode (2e édit.). 751. . . . . . 4 50

POUR LE COR.

DUVERNOY (Fréd.). Études faisant suite à sa méthode (2e édit.). 509. 20

Gammes

POUR DIVERS INSTRUMENS.

GAMMES. Pour le violon. 3. 2
— la flûte. 2
— la clarinette. 2
— le basson avec des leçons. 184. . . . . . 2 50
— le hautbois. — 140. . . . . . 2 50
— le flageolet. — 190. . . . . . 2 50

Partitions

A GRAND ORCHESTRE.

ONSLOW (Georges). Alcade (l') de la Véga. 406. 100
DALAYRAC. Adolphe et Clara. 9. 45
— — — parties séparées. 36
— Alexis ou l'erreur d'un bon père, parties séparées. . . 30
— Adèle et Dorsan. 60
— Amant (l') statue. 36
— — — parties séparées. 25

fr. c.

DALAYRAC. Ambroise ou voilà ma journée. 36
— — — parties séparées. 25
— Azémia ou les Sauvages. — — 45
MÉHUL. Bion. 45
DALAYRAC. Camille ou le Souterrain. 1565. 50
— — — parties séparées. . . 40
— Léon ou le château de Monténéro. 40
— — — parties séparées. . . 40
— Catinat ou le Tableau. 40
— — — parties séparées. 40
ONSLOW (Georges). Colporteur (le) ou l'Enfant du bûcheron. 2200. 150
— — — parties séparées. 2201. 125
KREUBÉ (Fréd.). Coq (le) de village. 40
DALAYRAC. Deux (les) petits Savoyards. 89 *bis*. 40
— — — parties séparées. . 36
— Deux (les) Tuteurs. 40
— — — parties séparées. 36
— Dot (la). 50
— — parties séparées. 40
KREUBÉ (Fréd.). Edmond et Caroline. 40
— — — parties séparées. 40
MOZART (W. A.). Enlèvement (l') du sérail. 60
KREUBÉ (Fréd.). Enfans (les) de maître Pierre. 80
— — — parties séparées. 80
DALAYRAC. Famille (la) américaine. 24
— — — parties séparées. 24
AUBER (D.-F.-E.). Fiorella. 1998. 100
— — — parties séparées. 1999. . . 100
BERTON (Henri). Grand (le) Deuil. 40
DALAYRAC. Gulnare ou l'Esclave persane. 12. 30
NICOLO. Impromptu (l') de campagne. 45
MÉHUL. Irato (l') ou l'Emporté. 399. 45
— — — parties séparées. 45
DALAYRAC. Jeune (la) Prude. 45
— — — parties séparées. 40
KREUBÉ (Fréd.). Jeune (la) Tante. 45
DALAYRAC. Koulouf. 60
— — parties séparées. 45
— La Leçon ou la Tasse de glace. 40
AUBER (D.-F.-E.). Léocadie. 747. 100
— — — parties séparées. 100
— Maçon (le). 100
— — parties séparées. 407. 100
DALAYRAC. Maison à vendre. 13. 45
— — — parties séparées. 15. 40
— Maison (la) isolée. 45
— Marianne. 45
PERGOLÈSE. Miserere à quatre voix. 25
DALAYRAC. Nina ou la Folle par amour. 40
— — — parties séparées. 30
KREUBÉ (Fréd.). Officier (l') et le Paysan. 40
DALAYRAC. Pavillon (le) de fleurs. 50
— — — parties séparées. 50
PAESIELLO. Pazza per amore. 60
ADAM (Adolphe). Pierre et Catherine. 60
— — — parties séparées. 60
DALAYRAC. Philippe et Georgette. 40
— — — parties séparées. 2 *bis*. 40
— Raoul de Créqui. 50
— Renaud d'Ast. 45

fr. c.

DALAYRAC. Renaud d'Ast, parties séparées 36
— Sargines. 60
— — parties séparées. 45
— Soirée (la) orageuse. 45
— — — parties séparées. 36
AUBER (D.-F.-E.). Timide (le). 50
— — — parties séparées. 50
MÉHUL. Une Folie. 486. 50
DALAYRAC. Une Heure de mariage. 45
— — — parties séparées. 40
FIORAVANTI. Virtuosi ambulanti. 60

Partition pour le Piano.

HAYDN (Joseph). La Création, oratorio, paroles françaises et italiennes. 358. 30

Ouvertures

A GRAND ORCHESTRE.

BAUDIOT (Ch.). Op. 28. Grande ouverture de concert. 2446. . 10
BOCCHERINI (L.). Op. 44. — 6
DALAYRAC. Adolphe et Clara. 8. . . . . 7 50
ONSLOW (Georges). Alcade (l') de la Véga. 9
DALAYRAC. Alexis ou l'erreur d'un bon père. 7 *bis*. 7 50
— Ambroise ou voilà ma journée. 5 *bis*. 7 50
— Amant (l') Statue. 70 *bis*. 7 50
— Azémia ou les Sauvages. 76. . . . . 7 50
MÉHUL. Bion. 9
DALAYRAC. Camille ou le Souterrain. 7 50
— Catinat ou le Tableau. 7 50
ONSLOW (Georges). Colporteur (le) ou l'Enfant du bûcheron. 10
DALAYRAC. Deux (les) Tuteurs. 66 *bis*. 7 50
— Deux (les) petits Savoyards. 90. . . . . 7 50
— Dot (la). 72 *bis*. 7 50
KREUBÉ (Fréd.). Edmond et Caroline. 1790. 9
BEETHOVEN. Egmont. 1780. 10
CHÉRUBINI. Épicure. 9
BEETHOVEN. Fidélio. 1824. 9
AUBER (D.-F.-E.). Fiorella. 1999. 10
MÉHUL. Irato (l') ou l'Emporté. 410. . . . . 7 50
DALAYRAC. Jeune (la) Prude. 602. . . . . 7 50
— Koulouf. 7 50
AUBER (D.-F.-E.). Léocadie. 402. 10
DALAYRAC. Léon ou le château de Monténéro. 10. . . . . 7 50
AUBER (D.-F.-E.). Maçon (le). 407. 10
DALAYRAC. Maison à vendre. 15. . . . . 7 50
— Nina ou la Folle par amour. 74 *bis*. 7 50

fr. c.

DALAYRAC. Pavillon (le) de fleurs. 9
— Philippe et Georgette. 7 50
ADAM (Adolphe). Pierre et Catherine. 2601. 10
DALAYRAC. Raoul de Créqui. 94 *bis*. 7 50
— Sargines. 92. 7 50
DALAYRAC. Soirée (la) orageuse. 96. . . . . 7 50
AUBER (D.-F.-E.). Timide (le). 9
MÉHUL. Une Folie. 496. 9
DALAYRAC. Une heure de mariage. 7 50

Bibliothèque Musicale.

SYMPHONIES EN PARTITION.

HAYDN (Joseph). 1 vol. in-8° cartonné; tome	1er en *mi* bémol.	A.	12
— — —	2e en *ré* mineur.	C.	12
— — —	3e en *si*. . . .	D.	12
— — —	4e en *mi* bémol.	E.	12

QUATUORS EN PARTITION.

HAYDN. Op. 76.	1er liv. 3 quat.	1 vol. in-8° cart., tom.	1er.	A.	12
—	2e	— —	2e.	B.	12
— 20.	1er	— —	3e.	C.	12
—	2e	— —	4e.	D.	12
— 50.	1er	— —	5e.	E.	12
—	2e	— —	6e.	F.	12
— 33.	1er	— —	7e.	G.	12
—	2e	— —	8e.	H.	12
— 71.		— —	9e.	I.	12
— 74.		— —	10e.	J.	12
MOZART (W. A.). Op. 10.	1er l. 3 quat.	1 v. in-8° cart., t.	11e.	K.	12
—	2e	—	12e.	L.	12
—	3e	—	13e.	M.	12
— 1.	1er l. 2 quint.	—	14e.	N.	12
—	2e	— —	15e.	O.	12
BEETHOVEN. Op. 20.	Grand septuor.	1 vol. in-8° cart., t.	16e.	P.	12
HUMMEL. Op. 74.	Gr. sept., piano.	—	17e.	Q.	12
ONSLOW (Georges). Op. 23.	7e quint.	—	18e.	R.	12
— Op. 24.	8e quint.	—	19e.	S.	12

Ouvrages pour le Violon.

SYMPHONIES.

BEETHOVEN. Six symphonies réduites pour deux violons, deux altos, flûte, basse et contrebasse ou deux basses.
— La 1re en *ut* majeur. 2057. 12
— 2e en *ré*. 2058. 12
— 3e en *mi* bémol (héroïque). 2059. 12
— 4e en *si*. 2060. 12
— 5e en *ut* mineur. 2061. 12
— 6e en *fa* (pastorale). 2062. 12
— Les six réunies, au lieu de 72 f. 60

OUVRAGES POUR LE VIOLON.

	fr.	c.
BOCCHERINI. 1re symph. pour deux violons, alto, basse, hautbois, deux bassons et deux cors.	7	50
— 2e — —	7	50
— Op. 41 pour deux violons, deux violoncelles, alto, hautbois ou flûte, cor et basson.	7	50
BOURER (frères). Grande symphonie pour violon et violoncelle principaux avec orchestre.	12	
BONNET. Op. 2 pour deux violons principaux avec orchestre.	9	
GYROWETZ. Pour deux violons et alto avec orchestre.	9	
HAYDN. Op. 95. 1er liv. en *mi* bémol à grand orchestre. 338.	9	
— — 2e en *ré* majeur — 339.	9	
— — 3e en *mi* bémol — 377.	9	
— — 4e en *si* majeur — 378.	9	
— — 5e en *ré* majeur — 430.	9	
— Symph. turque. 6e liv. en *sol.* — 215.	9	
— de la Loge. 7e en *ut* —	9	
— — — en *sol* —	9	
— — 8e en *sol* — 631.	9	
— — 9e en *mi* bémol —	9	
KREUTZER (R.). 11e pour 2 violons principaux avec orchestre. 300.	10	
PLEYEL (Ignace). 3e — — — 100.	9	
— 4e — — —	9	
— 26e — — — en *si* bém. 171.	9	
REICHA (A.). 3e — — — 322.	7	50
— — p. violon et violoncelle princ. avec orch. 322.	7	50
ROMBERG (frères). 1er — — — 521.	10	

CONCERTOS.

	fr.	c.
BAILLOT. Op. 18, 6e en *la* majeur. 995.	10	
— 21, 7e en *ré* majeur. 1050.	12	
— 22, 8e en *ut* majeur. 1060.	12	
BLASIUS. 2e en *la* majeur.	7	50
DUFRESNE. 2e en *la* majeur.	9	
FRAENZL. 4e en *ré* mineur.	9	
JARNOWICK. 16e en *sol.*	9	
KREUTZER (R.). 10e en *ré* mineur. 290.	10	
— 11e en *ut.* 440.	12	
LIBON. 1er en *ré* mineur.	9	
— 3e en *mi* majeur.	9	
— 5e en *sol* mineur.	9	
MOLINO. 1er en *ré* majeur.	9	
PUJOLAS. 1er en *fa.*	7	50
PAUWELS. 1er.	10	
SAINT-GEORGES. En *ré* (OEuv. posth.).	9	
SCHALL. 5e.	10	
VIOTTI. 19e en *sol* mineur. 51.	9	
— 20e en *ré.* 167	9	
YANIEWIEZ. 6e en *mi* mineur.	9	

COLLECTIONS.

	fr.	c.
HAYDN (Joseph). Collection complète de ses quatuors, avec le portrait de l'auteur, imprimée sur beau papier vélin en quatre volumes cartonnés (2e édit.). 715. Prix net sans remise.	120	
MOZART (W.-A.). Collection complète de ses quintetti, quatuors et un grand trio, avec le portrait de l'auteur; imprimée sur beau papier vélin en cinq volumes cartonnés (2e édit.). P. Prix net sans remise.	80	

OUVRAGES POUR LE VIOLON.

	fr.	c.
MOZART (W.-A.). La même collection, imprimée sur papier ordinaire, cartonnée également. P. Prix net sans remise.	60	
ONSLOW (Georges). Collection de ses quintetti et quatuors, avec portrait de l'auteur; *fac-simile* d'un fragment du 15e quintetto et table thématique. Cette collection, nouvellement corrigée et réimprimée sur beau papier vélin, se compose de 18 quatuors et 16 quintetti, formant ensemble six volumes cartonnés. 2526, 2527. Prix net sans remise.	150	

SEPTUORS.

	fr.	c.
BEETHOVEN. Six symphonies, réduites pour deux violons, deux altos, flûte, basse et contrebasse, ou deux basses, en six livraisons. 2057, 2058, 2059, 2060, 2061, 2062. Chaque.	12	
— Les six réunies; au lieu de 72 f.	60	
(*Voy.* pour leur désignation à l'article *Symphonies.*)		

SEXTUORS.

	fr.	c.
BOCCHERINI. Op. 42. Sextuor pour deux violons, alto, cor et deux basses.	7	50
— Op. 42, second pour violon, alto, basson, hautbois ou flûte, contrebasse et cor. 173.	7	50

QUINTETTI.

	fr.	c.
BEETHOVEN. 1er livre pour deux violons, deux altos et violoncelle, en *mi* bémol. 533.	9	
— 2e — — en *ut.* 534.	9	
— 3e — — — 941.	9	
— 4e — — en *mi* b. 980.	9	
— 5e — — en *ut* mineur, extrait par l'auteur de son beau trio de piano en *ut* mineur et soigneusement adapté pour les cinq instrumens. 1404.	9	
— Op. 11. Pour deux violons, deux altos et violoncelle. 264.	7	50
— 83. — — 267.	7	50
BOCCHERINI. Op. 12. 1er livre, 1re partie, pour deux violons, alto et deux violoncelles.	12	
— — — 2e partie.	12	
— Op. 13. 2e livre, 1re partie.	12	
— — 2e.	12	
— 17. 3e — 1re.	12	
— — 2e.	12	
— 20. 4e — 1re.	12	
— — 2e.	12	
— 23. 5e — 1re.	12	
— — 2e.	12	
— 36. 6e.	12	
— 37. 24 quint. en 8 livraisons. 102. Chaque liv.	9	
— 47. 12 — en 4 —	12	
— 48. 6 — en 2 —	12	
— 49. 6 quintettini; ensemble.	12	

Nota. Dans ces quintetti, le premier violoncelle peut être remplacé par l'alto-violoncelle.

	fr.	c.
BONJOUR. 1er livre pour deux violons, alto et deux basses. 2554.	9	
HAYDN. Nouveau quinttette pour 2 violons, 2 altos et basse. 478.	7	50

		fr.	c.
KROMMER (F.). Op. 8. Six p. 2 violons, 2 altos et basse.	1er. 2074.	7	50
— — — —	2e. 2075.	7	50
— — — —	3e. 2076.	7	50
— — — —	4e. 2077.	7	50
— — — —	5e. 2078.	7	50
— — — —	6e. 2079.	7	50
— Op. 25. — —	1er. 2080.	7	50
— — — —	2e. 2081.	7	50
— — — —	3e. 2082.	7	50
— — — —	4e. 2083.	7	50
— — — —	5e. 2084.	7	50
— — — —	6e. 2085.	7	50
— Op. 70. Un — —	2086.	9	
— 100. Trois — —	1er. 2089.	7	50
— — — —	2e. 2090.	7	50
— — — —	3e. 2091.	7	50
— Op. 102. Un — —	712.	7	50
— 106. Trois — —	1er. 1881.	7	50
— — — —	2e. 1882.	7	50
— — — —	3e. 1883.	7	50
— Op. 107. Trois — —	1er. 1872.	7	50
— — — —	2e. 1873.	7	50
— — — —	3e. 1874.	7	50
MOZART. 1er liv. Trois pour 2 violons, 2 altos et basse.	C. . .	12	
— 2e — —	C. . .	12	
— 3e — —	C. . .	12	
— 4e Un seul — —	C. . .	9	
— 5e Grand en *la* —	C. . .	9	
ONSLOW (Georges). Op. 1. 1er liv. pour 2 violons, alto et 2 violoncelles (nouv. édit.).	754.	10	50
— Op. 1. 2e liv. — —	. . . 755.	10	50
— — 3e — —	. . . 756.	10	50
— 17. 4e — violoncelle et basse.	1557.	10	50
— 18. 5e — —	. . . 1558.	10	50
— 19. 6e — —	. . . 1559.	10	50
— 23. 7e — —	. . . 1632.	10	50
— 24. 8e — —	. . . 1631.	10	50
— 25. 9e — —	. . . . 674.	10	50
— 32. 10e — —	. . . 2069.	10	50
— 33. 11e — —	. . . 2416.	10	50
— 34. 12e — —	. . . 2417.	10	50
— 35. 13e — et 2 violoncelles.	2418.	10	50
— 37. 14e — —	. . . 2518.	10	50
— 38. 15e — —	. . . 2816.	10	50
— 39. 16e — —	. . . 2817.	10	50

Nota. Presque tous ces quintetti ont une partie d'alto-violoncelle pour remplacer celle de premier violoncelle, et une partie de contrebasse à défaut de celle de basse.

		fr.	c.
ROMBERG (A.). Op. 23 pour 2 violons, 2 altos et violoncelle.	1778.	7	50
— 58 — —	. . . . .	7	50
ROUSSELOT (Sc.). Op. 21. 3e liv. —	. . 2762.	9	
— 23. 4e —	. . 2758.	9	

QUATUORS.

		fr.	c.
ALDAY. Op. 1. Trois pour 2 violons, alto et basse.	. . . .	9	
ALMEYDA. Op. 2. Six — —	. . . .	7	50

		fr.	c.
BEETHOVEN. Op. 18. Six p. 2 violons, alto et basse.	1er liv. 422. .	12	
—	2e 472. .	12	
— 59. Trois, 1er —	1833. .	7	50
— — 2e —	1834. .	7	50
— — 3e —	1835. .	7	50
— 74. Un —	1620. .	7	50
— 95. — (1re quat.) —	1258. .	7	50
BENINCORI. Op. 3. Trois —	291. .	9	
— 4. — —	476. .	9	
— 5. — —	643. .	9	
BOCCHERINI. Op. 39. Douze, 1er liv. —	. . . .	9	
— — 2e —	. . . .	9	
— — 3e —	. . . .	9	
— — 4e —	. . . .	9	
— Op. 40. Six quartettini —	. . . .	9	
* BOHRER (A.). Op. 23. Trois quatuors —	. . . .	15	
DISTLER. Op. 1. — —	. . . .	9	
GIROWETZ. Op. 25. — —	. . . .	9	
HAYDN. Op. 1. Six quatuors —	C. . . .	12	
— 2. — —	C. . . .	12	
— 3. — —	C. . . .	12	
— 4. — (connu, op. 9.) —	C. . . .	12	
— 5. — (— 17.) —	C. . . .	12	
— 6. — (— 20.) —	C. . . .	12	
— 7. — (— 33.) —	C. . . .	12	
— 8. Un seul —	C. . . .	5	
— 9. Six (— 50.) —	301 et C.	12	
— 10. La Pass. (— 51.) —	C. . . .	9	
— 11. Trois (— 54.) —	C. . . .	9	
— 11 *bis*. — (— 55.) —	C. . . .	9	
— 12. — (— 64, 1re part.)	C. . . .	9	
— 12 *bis*. — (— 64, 2e)	C. . . .	9	
— 13. — (— 71.)	C. . . .	9	
— 13 *bis*. — (— 74.)	C. . . .	9	
— 14. — (— 76, 1re part.)	C. . . .	9	
— 14 *bis*. — (— 76, 2e)	C. . . .	9	
— 15. Deux (— 77.)	C. . . .	9	
— 83. Un seul et dernier.	C. . . .	4	50
— 85. Trois tirés des symphonies.	C. . . .	9	
— 90. — —	C. . . .	9	
— Trente-six quatuors arrangés par l'auteur d'après ses sonates de piano pour deux violons, alto et basse, en 12 livraisons réunies.		100	
— Les mêmes, séparés par trois quatuors. 1er livre.	797.	9	
— — — 2e	798.	9	
— — — 3e	799.	9	
— — — 4e	800.	9	
— — — 5e	801.	9	
— — — 6e	802.	9	
— — — 7e	. . .	9	
— — — 8e	804.	9	
— — — 9e	805.	9	
— — — 10e	806.	9	
— — — 11e	807.	9	
— — — 12e	808.	9	
HOFFMEISTER. Un seul pour 2 violons, alto et basse.	. . . . .	6	
HUMMEL. Op. 30. Trois — —	1er liv. 523. A.	7	50
— — — —	2e 523. B.	7	50
— — — —	3e 523. C.	7	50

OUVRAGES POUR LE VIOLON.

			fr.	c.
* Jadin (Louis). Trois grands pour 2 violons, alto et basse.		. . .	12	
Kreutzer (R.). Op. 2. Trois — —	1er liv.	301. . .	12	
— — — —	2e	445. . .	12	
Krommer (F.). Op. 3. Trois — —		198. . .	10	
— 5. — — —		199. . .	10	
— 6. — — —		400. . .	10	
— 16. — — —	1er	854. . .	7	50
— — — —	2e	856. . .	7	50
— — — —	3e	857. . .	7	50
— 18. — — —	1er	832. . .	7	50
— — — —	2e	836. . .	7	50
— — — —	3e	842. . .	7	50
— 34. — — —	1er	2373. A.	7	50
— — — —	2e	2373. B.	7	50
— — — —	3e	2373. C.	7	50
— 48. — — —	1er	847. . .	7	50
— — — —	2e	848. . .	7	50
— — — —	3e	849. . .	7	50
— 50. — — —		2379. . .	15	
— 53. — — —		2380. . .	15	
— 56. — — —		2381. . .	15	
— 72. — — —		1066. . .	15	
— 85. — — —		1064. . .	15	
— 92. — — —	1er	1651. A.	7	50
— — — —	2e	1651. B.	7	50
— — — —	3e	1651. C.	7	50
Mayseder. Op. 5. 1er liv. pour 2 violons, alto et basse.		254. . .	7	50
— 6. 2e — —		241. . .	7	50
— 7. 3e — —		242. . .	7	50
— 8. 4e — —		243. . .	7	50
— 9. 5e — —		251. . .	7	50
— 23. 6e — —		55. . . .	7	50
Mozart (W. A.). Op. 1. Trois —(connu, op. 36.)		C. . . .	9	
— 2. Six —(— 10, 1er liv.)		C. . . .	12	
— 3. — —(— 10, 2e)		C. . . .	12	
— 4. Trois —(— 18.)		C. . . .	12	
— 5. Un (— 35.)		C. . . .	7	50
— 37. Trois tirés de ses œuv.		C. . . .	9	
Musard (P.). 3e quatuor pour 2 violons, alto et basse.		2804. . .	7	50
Onslow (Georges). Op. 4. Trois— —	1er liv.	937. . .	18	
— 9. — — —	3e	1170. . .	18	
— 10. — — —	4e	1253. . .	18	
— 21. — — —	5e	1621. . .	18	
— 36. — — —	6e	n° 1. 2419. . .	7	50
— — — — —		2. 2420. . .	7	50
— — — — —		3. 2421. . .	7	50
Pleyel (Ignace). Op. 1. Six — —		66. . . .	12	
— 2. — — —		52. . . .	12	
— 3. — — —	1er liv.	309. . .	9	
— — — —	2e	—. . .	9	
— 4. — — —		287. . .	12	
— 6. Douze — — déd. au roi de Pr.				
(Nouvelle édition, revue et corrigée par l'auteur.)				
	1er liv.	619. . .	9	
	2e	620. . .	9	
	3e	621. . .	9	
	4e	622. . .	9	
Raoul (A.). 1er quat. pour 2 violons, alto et basse.		2800. . .	7	50

OUVRAGES POUR LE VIOLON.

			fr.	c.
Romberg (A.). Op. 2. Trois p. 2 violons, alto et basse.	2e liv.	1062.	12	
— 5. — —	3e	571.	12	
— 7. — —	4e	1061.	12	
— 11. Un seul —		762.	6	
— 16. Trois —	5e	767.	12	
— 30. — —	6e	1144.	12	
— 34. Trois polonaises en quatuor.		. . . . . .	9	
— 40. Fantaisie —		. . 1865.	6	
— 52. Caprice —		. . . . . .	6	
— 53. Trois quatuors p. 2 violons, alto et basse.				
— —	7e l., n° 1.	. . 1859.	7	50
— 53. — — —	2.	. . 1860.	7	50
— — — — —	3.	. . 1861.	7	50
— 59. — —	8e 1.	. . 1856.	7	50
— — — — —	2.	. . 1857.	7	50
— — — — —	3.	. . 1858.	7	50
Romberg (B.). Op. 1. — —		. . . 477.	12	
— 12. Un —		. . 1869.	7	50
— 25. Trois —	1er l.	. . . 350.	7	50
— — — —	2e	. . . 351.	7	50
— — — —	3e	. . . 352.	7	50
— 39. Un grand —		. . 1870.	7	50
— 8e l. — —		. . 1871.	7	50
Walter. Op. 5. Trois —		. . . . . .	7	50
Widerkeur. 2e l. — —		. . . . . .	9	

TRIOS.

		fr.	c.
Amon. Op. 8. Trois trios pour violon, alto et basse.	. . . . . .	7	50
Baudiot (Ch.). Un concertant pour violon, alto et basse.	1310.	9	
Beethoven. Op. 3. Un grand pour violon, alto et basse.	593.	7	50
— 4. Trois pour violon, alto et basse.	. . . 180.	9	
— 8. Un seul, dit sérénade, pour violon, alto et basse.	. . . . . . 594.	6	
— Op. 55. Un seul pour 2 violons et alto.	. . . . 1666.	6	
— Un grand, extrait de son œuv. 23, sonates de piano, par Heffels.	. . . . . . 1550.	7	50
Boccherini. Op. 38. Trois pour violon, alto et violoncelle.	. . .	9	
— Op. 44. Six pour 2 violons et violoncelle. 1er liv.	. . .	7	50
— — — 2e	. . .	7	50
Dufresne. 1er pot-pourri pour 2 violons et violoncelle.	. . . .	4	50
— 2e — —	. . .	4	50
Eler. Trois trios — —	. . .	9	
Kreutzer (R.). 1er pot-pour. — —	. . .	4	50
— 2e — —	. . .	4	50
— 3e — —	. . .	4	50
— Trois trios, lettre C, liv. 3e, p. 2 violons et violoncelle.	. . . . . . 2065, 2068, 2119.	12	
Mayseder. Op. 2. Un pour violon, alto et violoncelle.	. . . 456.	5	
Mozart. Op. 10. Un grand pour violon, alto et violoncelle.	C.	9	
Pleyel (Ignace). Six trios — —	1er liv. 95.	7	50
— — —	2e 96.	7	50
Valerne. Op. 1. Trois pour 2 violons et basse.	. . . .	7	50
Walter. — — —	. . .	7	50
Viotti. 2e liv. — — —	50. .	10	

TRIOS POUR VIOLON, ALTO ET GUITARE.

		fr.	c.
De Call. Op. 100. Terzetto.	. . . .	4	50

OUVRAGES POUR LE VIOLON.

fr. c.

Philis. Op. 4. Trois trios. 7 50
— 13. — 7 50
— 15. — 7 50

DUOS POUR DEUX VIOLONS.

Barrière. Op. 12. Trois gr. duos. 3e liv. 7 50
— 13. Six duettini. 4e (facile). 7 50
— 24. Trois gr. duos. 6e 7 50
Boccherini. Op. 46. Six duos. 2e 6
Bonnet. Op. 1. Trois duos. 1er 228. 9
— — — 2e 229. 9
— 2. — 1er 428. 7 50
— — — 2e 429. 7 50
— 5. — 1er 953. 7 50
— — — 2e 954. 7 50
— 6. — 1er 1077. 7 50
— — — 2e 1078. 7 50
Haydn (J.). Six grands duos. 9
Jarnowick. Op. 2. Trois duos. 6
Kreutzer (R.). Op. 11. Six duos. 1er liv. 439. 7 50
— — 2e 443. 7 50
— Trois duos brillans dédiés à son frère. 2332. 10
Krommer (F.). Op. 6. Six duos. 192. 6
Lacroix. Op. 12. Un grand duo. 5
Lorenziti. Op. 17. Six duos faciles. 7 50
Mayseder. Op. 31, 32 et 33. Trois duos ensemble. . . 2640. 9
Mozart. Op. 2. Trois duos. 6
Mosell. Trois duos. 7 50
Pieltain. Op. 1. Six duos. 1er liv. 6
— — 2e 6
Pleyel (Ignace). Op. 8. Six petits duos gradués pour les élèves.
— — — — 1er liv. 721. 5
— — — — 2e 722. 5
— Op. 13. Six duos. 1er liv. de duos. 179. 7 50
— — — 3e — 614. 7 50
— 30. — 4e — 4. 6
— — — 5e — (2e édit.). 57. 7 50
— — — 6e — (1re part.). 174. 7 50
— — — 6e — (2e). 175. 7 50
— Trois duos extr. de son œuv. 35, sonates de piano. 1221. 7 50
— Trois grands duos dédiés à Guérin. 6
Romberg (A.). Op. 18. Trois duos. 759. 7 50
Thomassini. Op. 1. Trois duos. 6
Walter. Op. 14. Trois duos. 6
Viotti. Six duos. 1er liv. 2726. 9
— 2e 2767. 9
— Trois duos. 4e 70. 7 50
— 6e 310. 7 50
— 7e 394. 7 50
*** Collection de pièces faciles et airs variés pour 2 violons. Nos 1, 2, 3, 4. Chaque. 4 50

DUOS POUR VIOLON ET ALTO.

Pleyel (Ignace). Trois duos. 4e liv., 1re partie. 911. 6
— — — 2e 912. 6
— Op. 30. Trois duos 4. 6
— 68. Trois grands duos dédiés à Guérin. 6

OUVRAGES POUR LE VIOLON.

fr. c.

Rolla (A.). Trois duos. 6e liv. 220. 9
— Trois grands — 7e 222. 12

DUOS POUR VIOLON ET VIOLONCELLE.

Baudiot (Charles). Op. 13. Trois duos pour violon et violoncelle ou pour deux violoncelles. 1547. 9
— Op. 26. Air varié et rondo pour violon et violoncelle ou pour deux violoncelles. 2184. 7 50
— — — avec accomp. de piano. 2184. 12
— — — — et d'orchestre. 2184. 15
— Op. 27. Air varié et rondo p. violon et violoncelle. 2185. 6
— — — avec accomp. de piano. 2185. 10
— — — — et d'orchestre. 2185. 15
Bohrer (frères). Op. 42. 6e livre, duo concertant sur des airs suisses. 2158. 6
— Op. 43. 7e liv., un duo 2826. 6
— 44. 8e — 2825. 6
— 47. 9e grand duo. 2832. 7 50
Dotzauer. Op. 4. Trois duos concertans. 7 50
Hoffmann. Op. 5. Six grands duos. 1er liv. 9
— — — 2e 872. 9
Pleyel (Ignace). Six duos. 200. 7 50
Romberg (A.). Op. 2. Trois duos, 1er liv. 347. 7 50
Romberg (frères). Trois duos, 2e 499. 7 50

DUOS POUR VIOLON ET PIANO CONCERTANS.

Voyez Duos de Piano et Violon.

DUOS POUR VIOLON ET HARPE.

Baudiot (Ch.). Op. 7. Trois nocturnes, 1er liv. 1355. 7 50
— — — 2e 1367. 7 50
— — — 3e 1372. 7 50
Démar (S.). 1er et 2e duos. Chaque. 6
Jacquin. Nocturne sur des thèmes du Colporteur. . . . 2250. 7 50
Marin. Op. 8. Duo. 6

DUOS POUR VIOLON ET GUITARE.

Carulli (Ferd.). Op. 304. Divertissement sur des thèmes de Fiorella. 714. 4 50
— Op. 345. Fantaisie et variations sur des thèmes du Crociato. 2849. 6
De Call. Op. 19. Sérénade. 1293. 4 50
— 54. — 4 50
— 88. Duo très facile. 4 50
— 91. Sérénade. 1303. 4 50
— 92. — 4 50
— 104. Sonate très facile. 1212. 4 50
Kuffner (J.) Op. 70. Sérénade. 3 75
— 71. — 3 75
— 72. — 3 75
Lhoyer (A.). Op. 28. Grand duo. 4 50
Philis. Op. 14. Quatre caprices. 6
Rotolo. Variations sur un thème de Pleyel. 3

DUOS POUR VIOLON ET FLUTE.

	fr.	c.
Pleyel (Ignace). Trois grands duos. . . . . 46.	7	50
Walter. Six duos faciles et dialogués.	7	50

SONATES.

Blasius. Op. 41. Trois sonates.	7	50
Couderc (fils). Op. 1. Sonate dédiée à Kreutzer.	4	50
Saint-Georges. Six sonates, 1er liv.	7	50
2e	7	50
Wranisky. Op. 6. Deux sonates.	6	

ÉTUDES ET EXERCICES.

Polledro (J.-B.). Exercices amusans.	5	
Rodolphe. Études composées de 36 morceaux de différens genres.	15	
Rolla (A.). Vingt-quatre études avec accompagnement d'un second violon. . . . . 1989.	7	50

MÉLANGES.

*** Airs d'opéras choisis et variés pour violon seul. . . .	4	50
B** Les Bijoux, collection de 18 airs favoris de Rossini, Mozart, etc., pour violon seul. . . . . 2696.	5	
*** Collection de pièces faciles et airs variés pour deux violons. N° 1. . . . . 1347.	4	50
2. . . . . 1348.	4	50
3.	4	50
4.	4	50
Baillot (P.). Op. 17. Thème varié avec accompagnement de piano. . . . . 994.	6	
— — avec accompagnement d'orchestre. . . . . 994.	10	
— Op. 19. Je suis Lindor, air varié avec accompagnement de piano ou d'un second violon et basse. . . . . 996.	6	
— Op. 20. Trois airs russes av. acc. de piano. N° 1.1041.A.	6	
2.1041.B.	6	
3.1041.C.	6	
— — — avec acc. de quatuor. N° 1.1041.A.	6	
2.1041.B.	6	
3.1041.C.	6	
— Op. 21. Andante à sourdines avec acc. de piano. 998.	3	75
— 40. Adagio et rondo avec acc. de piano. 2334.	7	50
— — — avec accomp. de quatuor. . . 2334.	10	
— — — — d'orchestre. . . 2334.	12	
Barrière. Op. 26. Second air varié avec accompagnement de quatuor.	4	50
Becquié (Marius). Op. 8. Variations brillantes avec accompagnement de piano. . . . . 2702.	7	50
— — avec accompagnement d'orchestre. . . . 2702.	12	
Cartier. Op. 17. Vive Henri IV et Charmante Gabrielle, variés pour violon seul.	4	50
Démar (S.). Airs variés avec accompagnement d'alto.	7	50
Dufresne. 1er pot-pourri avec accompagnement d'un second violon et basse.	4	50
— 2e pot-pourri — —	4	50
Eppinger. Op. 3. Variations pour deux violons.	3	50
Fléché. Op. 18. Thème varié avec piano ou quatuor.	6	

	fr.	c.
Gebauer. Air écossais de la Dame Blanche, varié pour violon seul.	1	50
— Air favori, du Comte Ory, varié pour violon seul. 2367.	1	50
Guynemer. Op. 2. Air varié avec accompagnement d'un second violon et basse.	4	50
Kreutzer (R.). *Nel cor più non mi sento*, varié avec accompagnement de piano. . . . . 203.	6	
— — avec accompagnement de quatuor. . . . 203.	7	50
— 1er pot-pourri avec acc. d'un second violon et basse. 320.	4	50
— 2e — — — . . . 324.	4	50
— 3e — — — . . . 325.	4	50
Lafont. Grande fantaisie sur un thème de Léocadie avec accompagnement de piano. . . . . 888.	9	
— — avec accompagnement de quatuor. . . . . 888.	12	
— — — d'orchestre. . . . . 888.	15	
Lagoanère. Op. 53. Air des Alpes, varié avec accompagnement de piano. . . . . 513.	6	
— Op. 62. Air varié sur la barcarolle de Fiorella avec accompagnement de piano. . . . . 2037.	5	
— Op. 63. Mélange sur les plus jolis motifs de Fiorella avec accompagnement de piano. . . . . 489.	5	
Libon. Op. 8. Air varié avec acc. d'alto et basse. 2e liv. 970.	4	50
Lorenziti. Charmante Gabrielle et un air de Psyché variés pour deux violons.	4	50
Mayseder (J.). Adagio et rondo brillans avec acc. de piano. 423.	5	
— *Di tanti palpiti*, variations concertantes pour violon et piano. . . . . 1614.	6	
— Première grande polonaise, avec acc. de piano. 2587.	5	
— Op. 19. Cinquième polonaise pour violon et piano concertans. . . . . 1680.	7	50
— Op. 24. Variations pour violon, piano, alto et violoncelle. 1986.	7	50
— Op. 30. Duo concertant pour violon et piano. . . 91.	7	50
— 31. — — . . . 94.	7	50
— 32. — — . . . 99.	7	50
— 33. Thème danois avec accompagnement de piano ou de quatuor. . . . . 2435.	7	50
— Le même, avec accompagn. de piano seulement. 2435.	4	50
— Op. 35. Divertissement pour violon et piano concertans. . . . . 2177.	5	
— Op. 36. Rondino p. violon et piano concertans. 257.	5	
— 37. Grandes variations concertantes sur un thème de Sémiramis pour violon et piano. . . . . . 1671.	6	
— Op. 38. Sixième polonaise avec accompagnement d'orchestre. . . . . 864.	7	50
— Op. 39. Divertissement et variations avec accompagn. de piano. . . . . 659.	5	
— Op. 40. Variations dédiées à Paganini avec accompagn. de piano. . . . . 1841.	4	50
— Op. 44. Variations sur un thème de Mercadante avec accompagnement de piano. . . . . 2153.	6	
— — — de quatuor. . . . . 2153.	9	
— — — d'orchestre. . . . . 2153.	12	
— Op. 46. Rondo brill. p. violon et piano concertans. 2729.	9	
Mazas (F.). Op. 27. Le retour du printemps, fantaisie, avec accompagnement de piano. . . . . 2796.	7	50
— — avec acc. d'orchestre. . . . . 2796.	12	
Moeser (Ch.). Variations brillantes avec accomp. d'orchestre. 40.	9	

OUVRAGES POUR LE VIOLON.

	fr.	c.
Nargeot (J.). Op. 4. Plaisir d'amour, varié avec accomp. de piano. 2595.	7	50
Romberg (A.). Op. 17. Trois airs variés avec accompagnement d'un second violon et basse. N° 1. 764.	4	50
2. 765.	4	50
— — avec acc. d'un second violon et basse ou flûte, hautbois et deux bassons (*ad libitum*). N° 3. 766.	6	
— Op. 34. Trois polonaises avec accomp. de quatuor.	9	
— 40. Fantaisie — — — 1865.	6	
— 52. Caprice — — —	6	
Romberg (B.). Op. 29. Andante et polonaise avec accomp. de piano.	6	
Robberechts (A.). Op. 10. Thème original varié avec accomp. de piano. 2155.	7	50
Saint-Georges. Airs variés avec accompagnement de quatuor.	6	
Thibaud. Trois airs connus variés avec accompagnement d'un second violon et basse. N° 1.	4	50
2.	4	50
Walter. Pot-pourri pour violon seul.	3	50
Vaillant. *O Pescator dell'onda*, varié pour violon seul.	1	50
— Barcarolle du Carnaval de Venise, variée pour *id.*	1	50
* Wéry (N.). Op. 7. Cinquième air varié avec acc. d'orchestre.	4	50
* — 16. Dixième — — ...	6	
* — 20. Onzième — — ...	7	50
* — 17. Rondo — ...	6	
* — 18. — — ...	7	50
Vobaron (F.). Op. 1. Air varié avec acc. d'orchestre.	6	
— 3. — — — 1342.	6	

AIRS D'OPÉRAS POUR DEUX VIOLONS.

	fr.	c.
Méhul. Airs d'Adrien.	7	50
Onslow (G.). Airs du Colporteur, arrangés par Vaillant.	6	
Auber. Airs de Fiorella, arr. par Bittermann (2 livraisons). N° 1. 2038. A.	4	50
2. 2038. B.	4	50
Méhul. Airs de l'Irato.	7	50
Dalayrac. Airs de Picaros et Diégo.	7	50
Adam (Ad.). Airs de Pierre et Catherine, arr. par Gebauer. 2623.	4	50
Méhul. Airs d'Une Folie.	9	

OUVERTURES POUR DEUX VIOLONS.

	fr.	c.
Méhul. Adrien.	2	50
Dalayrac. Adolphe et Clara. 1069.	2	50
— Azémia. 1068.	2	50
Dezède. Blaise et Babet. 1084.	2	50
Dalayrac. Camille ou le Souterrain. 1035.	2	50
Grétry. Caravane (la). 1006.	2	50
Martini. Cosa rara (la). 1090.	2	50
Onslow (G.). Colporteur (le), ouverture et entr'acte. 2257.	3	75
Kreubé. Coq de village (le).	2	50
Vogel. Démophon. 1051.	2	50
Dalayrac. Deux petits Savoyards (les). 1044.	2	50
Monsigny. Déserteur (le). 1021.	2	50
Dalayrac. Dot (la). 1086.	2	50
Grétry. Épreuve villageoise (l'). 1089.	2	50
Paesiello. Frascatana (la). 1087.	2	50

OUVRAGES POUR LE VIOLON.

	fr.	c.
Auber. Fiorella. 2027.	2	50
Berton (H.). Grand Deuil (le).	2	50
Dalayrac. Gulnare. 1031.	2	50
Martini. Henri IV. 1025.	2	50
Gluck. Iphigénie en Aulide. 1012.	2	50
Méhul. Irato (l'). 376.	2	50
Dalayrac. Jeune Prude (la).	2	50
Auber. Léocadie. 403.	2	50
Kreutzer. Lodoïska. 1092.	2	50
Auber. Maçon (le). 473.	2	50
Dalayrac. Maison à vendre. 1070.	2	50
Mozart. Mariage de Figaro (le). 1099.	2	50
Cimarosa. Mariage secret (le). 1028.	2	50
Champein. Mélomanie (la). 1093.	2	50
Grétry. Panurge. 1015.	2	50
Dalayrac. Pavillon de fleurs (le).	2	50
Adam (A.). Pierre et Catherine. 2621.	2	50
Dalayrac. Picaros et Diégo.	2	50
Grétry. Richard-Cœur-de-Lion. 1071.	2	50
Dalayrac. Soirée orageuse (la). 1047.	2	50
Auber. Timide (le).	2	50
Méhul. Une Folie. 501.	2	50
Dalayrac. Une Heure de Mariage.	2	50
Devienne. Visitandines (les). 1096.	2	50
Grétry. Zémire et Azor. 1009.	2	50

CONTREDANSES ET WALSES.

	fr.	c.
*** Douze walses ou allemandes pour deux violons.	3	
Chevallier. Premier et deuxième recueil de contredanses pour deux violons.	3	
Defrance. Quadrille de Fiorella pour deux violons et violoncelle.	3	
— — pour deux violons.	3	50
— Deux quadrilles du Maçon pour deux violons, alto, violoncelle et flûte. 1847.	4	50
— — pour deux violons et violoncelle. 1847.	3	75
Gard (Jules). Quadrille de Clari pour deux violons, alto, violoncelle, flûte ou flageolet.	4	50
— — pour deux violons et violoncelle.	3	
— — pour deux violons.	2	50
Leroy. Walses et allemandes pour deux violons.	3	75
Marque. Douzième quadrille pour deux violons et basse.	3	75
— Treizième — — — ...	3	75
Steibelt. Recueil de walses pour deux violons.	4	50
Tholet. Huit walses pour deux violons.	3	75
Sticker. Douze walses pour deux violons.	3	
Tolbecque. Quadrille du Colporteur pour deux violons, alto, violoncelle et flûte. 2253.	4	50
— — pour 2 violons, alto et violoncelle. 2253.	3	75
— — pour 2 violons et violoncelle. 2253.	3	
— — pour 2 violons. 2253.	2	50
— Quadrille de Pierre et Catherine pour deux violons, alto, basse, flûte ou flageolet. 2626.	4	50
— — pour deux violons, alto et basse. 2626.	3	75
— — pour deux violons et violoncelle. 2626.	3	
— — pour deux violons. 2626.	2	50
Walter. Vingt-quatre walses pour deux violons.	3	50

Ouvrages pour l'Alto.

	fr. c.
Amon (J.). Op. 10. Concerto avec accompagnement d'orchestre.	9
Mazas (F.). Op. 29. La Consolation, seconde élégie, avec accompagnement de piano. . . . 2803.	7 50
— — avec accompagnement de quatuor. . . . 2803.	9
— — — d'orchestre. . . . 2803.	12

Ouvrages pour le Violoncelle.

CONCERTOS.

Baudiot (Ch.). Op. 19. Premier concertino avec accompagnement d'orchestre. . . . 341.	10
— Op. 22. Deuxième concertino avec accompagnement d'orchestre. . . . 344.	10
Dotzauer. Op. 27. Concerto avec accompagn. de quatuor. 392.	9
Hoeke (Charles). Premier concerto avec accompagn. d'orchestre.	9
— Deuxième. — —	9
Lamare (J.-M.). Premier concerto avec acc. d'orch. en *la* mineur.	9
— Deuxième — — en *ré* majeur.	9
— Troisième — — en *si* bémol.	9
— Quatrième — — en *la* majeur.	9
Pleyel (Ignace). Quatrième concerto avec acompagn. d'orchestre en *ut* majeur. . . .	9

QUATUORS.

Dotzauer. Op. 13. Pour violoncelle, deux violons et alto. . . .	7 50

TRIOS.

Romberg (B.). Op. 38. Trois p. violoncelle, alto et basse. 86 *bis*.	9

DUOS POUR DEUX VIOLONCELLES.

Baudiot (Ch.). Op. 5. Trois duos faciles. . . . 1209.	7 50
— Op. 26. Air varié et rondo p. deux violoncelles. 2184.	7 50
— — avec accompagnement de piano. . . . 2184.	12
— — — d'orchestre. . . . 2184.	15
— Op. 29. Trois duos concertans. 1er liv. . . . 21.	6
2e . . . . 22.	6
3e . . . . 23.	6
Bohrer (Max.). Op. 13. Un duetto. . . . 2827.	6
Cupis. Op. 9. Petits airs variés pour deux violoncelles. 1er liv.	4 50
2e .	4 50
3e .	4 50

	fr. c.
Dammen. Op. 16. Trois duos. . . .	6
Dotzauer (J.-F.). Op. 15. Trois duos. . . . 816.	9
— Op. 42. Trois duos. . . . 1973.	9
Duport (J.-P.). Huit airs variés pour deux violoncelles. . . .	5
Facius. Op. 1. Trois duos. . . .	7 50
* Olivier Aubert. Op. 30. Trois duetti. 9e liv. . . .	6
Pleyel (Ignace). Op. 5. Trois duos. . . . 160.	6
Renat (H.). Op. 10. Trois duos. . . . 2705.	7 50
Romberg (B.). Op. 33. Trois duos. 1er liv. . . . 83.	6
2e . . . . 111.	6
3e . . . . 112.	6
Stiasny. Op. 6. Trois duos. . . . 1323.	9
Viotti. Trois duos. 1er liv. . . . 311.	7 50
2e . . . . 393.	7 50

DUOS POUR VIOLONCELLE ET VIOLON.

Baudiot (Ch.). Op. 13. Trois duos p. violoncelle et violon ou deux violoncelles. . . . 1547.	9
— Op. 26. Air varié et rondo pour violoncelle et violon ou deux violoncelles. . . . 2184.	7 50
— — avec accompagnement de piano. . . . 2184.	12
— — — d'orchestre. . . . 2184.	15
— Op. 27. Air varié et rondo p. violonc. et violon. 2185.	6
— — avec accompagnement de piano. . . . 2185.	10
— — — d'orchestre. . . . 2185.	15
Bohrer (frères). Op. 42, 6e l. Duo p. violoncelle et violon. 2158.	6
— 43, 7e — — 826.	6
— 44, 8e — — 2825.	6
— 47, 9e l. Grand— — 2832.	7 50
Dotzauer. Op. 4. Trois duos pour violoncelle et violon. . . .	7 50
Hoffmann. Op. 5. Six grands duos p. violoncelle et violon. 1er l.	9
— — — — 2e l. 872.	9
Pleyel (Ignace). Six duos pour violoncelle et violon. . . . 200.	7 50
Romberg (A.). Op. 2. Trois duos p. violonc. et violon. 1er l. 347.	7 50
Romberg (frères). Trois duos — — 2e 499.	7 50

DUOS POUR VIOLONCELLE ET PIANO CONCERTANS.

Voyez Duos de Piano et Violoncelle.

DUOS POUR VIOLONCELLE ET HARPE.

Baudiot (Ch.). Op. 7. Trois nocturnes, 1er livre. . . . 1355.	7 50
2e . . . 1367.	7 50
3e . . . 1372.	7 50

SONATES.

Baudiot (Ch.). Op. 4. Trois sonates avec acc. de basse. 1325.	7 50
Raoul. Op. 1. Trois *id.* avec accompagnement de basse. . . .	7 50
*** Trois *id.* de différens auteurs pour deux violoncelles, choisies par Pleyel. . . . 71.	6

ÉTUDES, EXERCICES, etc.

fr. c.

BAUDIOT (Ch.). Op. 28. Études servant d'introduction à la 2e part. de sa méthode. 1er livre. 25. 10

— — 2e 26. 10

— Instruction pour les compositeurs qui veulent connaître parfaitement la manière d'écrire pour cet instrument. (Cet ouvrage fait suite à sa Méthode). 2183. 9

DOTZAUER (J.-F.). Op. 35. Vingt-quatre caprices dans tous les tons. 27. 7 50

— Op. 47. Douze études ou exercices. 1er livre. 384. 4 50

— 54. — — 2e 1887. 4 50

— 70. — — 3e 1899. 6

MÉLANGES.

BAUDIOT (Ch.). Op. 12. Trois fantaisies avec accompagnement de piano. 1er livre. 1544. 5

2e 1545. 5

3e 1546. 5

— Op. 18. Airs de la Famille suisse variés avec accompag. 6

de piano. 340. 6

— Op. 20. Trois fantaisies avec accompagnement de piano

1er liv. . . . . 342. A. 6

2e . . . . 342. B. 6

3e . . . . 342. C. 6

— Op. 21. Air varié et rondo avec acc. d'orchestre. 343. 9

— 23. Mélanges sur les plus jolies romances de Romagnesi avec accompagnement de piano. 345. 6

— — avec accomp. d'orchestre. 345. 9

— — — — et de piano. 345. 12

— Op. 24. Thème varié pour violoncelle et piano concertans. 346. 9

— Op. 26. Air varié pour violoncelle et violon avec acc. de piano. 2184. 12

— Op. 27. — — — 2185. 10

COPIS. Petits airs variés pour deux violoncelles. N° 1. . . . . . 4 50

— — — — 2. . . . . . 4 50

— — — — 3. . . . . . 4 50

DUPORT. Huit airs variés pour deux violoncelles. 5

DOTZAUER. Op. 3. Thème varié avec accompagnement de basse. . . 3 75

— 33. Pot-pourri avec accompag. de quatuor. 867. 4 50

— 35. Vingt-quatre caprices. 27. 7 50

— 60. Polacca avec accompagn. de quatuor. 6

— 74. Caprice — — de piano. . . . 332. 5

— 80. Variations — — de quatuor. 2163. 5

— 81. Fantaisie — — — 7 50

— 83. Pot-pourri (sur des thèmes d'Euriante) avec acc. de quatuor. 7 50

FOREST (Jules). Rondo avec acc. de piano, dédié à Franchomme. 2872. 7 50

FRANCHOMME (A.). La Consolation, seconde élégie d'alto, par Mazas, arrangée pour le violoncelle avec accompagn. de piano. . . . . 803 *bis*. 7 50

— — avec accompagnement de quatuor. . . 803 *bis*. 9

— — — d'orchestre. . . 803 *bis*. 12

LAMARE. Op. 4. Air varié avec accompagnement d'orchestre. 855. 4 50

MEINHARD (A.). Variations avec accompagnement de quatuor. 4 50

fr. c.

ROMBERG (B.). Op. 19. Airs russes avec accomp. d'orchestre. 790. 7 50

— 29. Andante et polacca avec acc. de piano. 35. 6

— 35. Élégie avec accompagn. de quatuor. 795. 9

— 42. Air suédois avec accomp. de piano. 240. 6

— — — — de quatuor. 240. 9

SPINOLO (V.). Thème varié avec accompagn. de basse obligée. 3 50

STIASNY. Op. 11. Six solos avec acc. de piano ou de basse. 1738. 6

WEBER (C.-M.). Grand pot-pourri avec accompagn. de quatuor. 6

Ouvrages pour la Flûte.

SYMPHONIES CONCERTANTES.

PLEYEL (Ignace). Cinquième pour flûte, hautbois, cor et basson. 12

TULOU. Op. 21. Pour flûte, hautbois, cor et basson. . . . 1406. 12

CONCERTOS.

DROUET. Op. 13. Premier, en *sol* avec accomp. d'orchestre 1139. 12

— Douzième, avec accomp. d'orchestre. 2272. 15

GIANELLA. Premier, en *ré* mineur avec accomp. d'orchestre. . . . 9

HOFFMEISTER. Treizième, en *ré* majeur avec accomp. d'orchestre. 9

— Vingt-quatrième, — — — 9

MOZART. Concerto en *sol*, avec accomp. d'orchestre. 10

PLEYEL (Ignace). Premier, en *ut* avec accomp. d'orchestre. . . . 9

TULOU. Op. 25. Quatrième, avec accomp. d'orchestre. 1491. 15

VOGEL. Op. 37. Concerto en *sol* — — 9

YANIEWIEZ. Cinquième, — — 9

QUINTETTI.

BOCCHERINI. Op. 45. Trois pour flûte ou hautbois, 2 violons, alto et violoncelle. 1er livre. 248. 7 50

2e 248. 7 50

* GRENET. Op. 11. Trois pour flûte, premier et second violons, alto et basse. 1er livre. 7 50

2e 7 50

3e 7 50

MENGAL. Trois pour flûte, clarinette, hautbois, cor et basson, extraits des œuvres de Haydn, Mozart et Beethoven.

1er liv. . . . . 1697. A. 9

2e . . . . 1697. B. 9

3e . . . . 1697. C. 9

REICHA. Op. 105. Trois pour flûte, 2 violons, alto et violonc. 2070. 12

ROMBERG (B.). Op. 27. Divertissement pour flûte, 2 violons, alto et basse. 6

SCHMITT. Trois quint. p. flûte, hautbois, clarin., cor et basson. 9

QUATUORS.

BOCCHERINI. Op. 5. Trois pour flûte, violon, alto et basse. 159. 9

DOTZAUER. Op. 38. Un — — — 7 50

DROUET. Un — — — 1432. 7 50

OUVRAGES POUR LA FLUTE.

Ouvrage	N°	fr.	c.
Eler. Op. 6. Trois quatuors pour flûte, clarinette, cor et basson.		9	
— 7. — — pour flûte, violon, alto et basse.		9	
Fabre d'Olivet. Op. 1. Trois quat. — — — ...		9	
Gebauer. Pot-pourri pour flûte, clarinette, cor et basson. ...		9	
— Op. 20. Trois quat. — — —	232.	9	
Haydn. Op. 4. Six pour flûte, violon, alto et basse. 1re partie.		9	
2e .		9	
Hoffmeister. Op. 5. Variations pour flûte, violon, alto et basse.		6	
Krommer. Op. 13. Un quatuor — — —		6	
Melchior. Op. 20. Un pour flûte, clarinette, cor et basson.	696.	6	
Mozart. Op. 38. Trois pour flûte, violon, alto et basse.	194.	9	
Pleyel (Ignace). 3e livre. Six pour flûte, violon, alto et basse. 1re partie.	97.	9	
2e	98.	9	
Punto. Op. 18. Trois pour flûte, violon, alto et basse.		9	
Reicha. Op. 12. Un pour quatre flûtes.	149.	7	50
Romberg (B.). Op. 40. Divertissement pour flûte, violon, alto et basse.	1868.	6	
Salin. Op. 6. Pastorales pour flûte, violon, alto et basse. ...		4	50
Schneider. Op. 40. Trois quat. — — — ...		9	
Vogel. Op. 36. Un quatuor — — — ...		5	
Vogt. Trois nocturnes pour flûte, clarinette (ou hautbois), cor et basson.	971.	7	50

TRIOS.

Ouvrage	N°	fr.	c.
Beethoven. Op. 29. Pour 2 flûtes et alto.	760.	6	
De Call. Op. 31. Pour 3 flûtes.	761.	4	50
— Op. 72. Sérénades pour flûte, alto et guitare.		5	
— 82. — — — —		4	50
— 83. Nocturne — — —		4	50
— 89. — — — —		6	
Eler. Op. 9. Trois trios pour flûte, clarinette et basson.		9	
Gebauer. Op. 29. Trois trios p. flûte, clarin. et basson, 3e l.	645.	9	
— 32. — — — — 4e	679.	9	
Gabrielsky. Op. 33. Grand trio pour 3 flûtes.		6	
— 34. — — —		6	
— 45. Trio pour flûte, violon et alto.		6	
— 55. Trois pour 3 flûtes.		9	
— 58. Trois grands pour 3 flûtes.		9	
Mozart. Trio sur un air de Don Juan pour 2 flûtes et basson.	136.	6	
Pleyel (Ignace). Trois pour flûte, violon et basse. 1er liv.	676.	9	
— Trois pour flûte, clarinette et basson. 1er liv.	675.	9	
— Six, par Vanderhagen, pour flûte, clarinette et basson, progressifs.	913.	9	
— Six, par Vanderhagen, pour 2 flûtes et alto; ou flûte, violon et alto.	629.	9	
Ranieri-Nanni. Op. 2. Pour flûte, clarinette et basson ou violon ou violoncelle.		9	
Rault. Op. 25. Pour 2 flûtes et basson.		9	
— 26. Pour flûte, violon et alto.		7	50
Salingre. Op. 3. Pour flûte, violon et basse.		6	
Tulou. Op. 24. Pour 3 flûtes.	1453.	7	50

DUOS POUR DEUX FLUTES.

Ouvrage	N°	fr.	c.
Bochsa. Trois duos, 1er liv.		7	50
2e		7	50
* Camus. Op. 11. Trois grands duos.		9	
De Call. Op. 17. —	707.	5	
* Gabrielsky. Op. 57. —		6	
— 63. Amusemens pour 2 flûtes.		5	
Gianella. Op. 1. Trois duos.		7	50
— Trois duos. 3e liv.		6	
Henning. Op. 6. Trois duos.		6	
Hoffmeister. Op. 50. Trois duos.		7	50
— 51. — —	255.	6	
— 52. Six — 1er liv.		5	
2e		5	
— 53. Trois duos.		6	
Krasinsky. Op. 18. Six duos. 1er liv.		6	
2e		6	
— 23. — — 1er		6	
2e		6	
— 26. — — 1er		6	
2e		6	
Muller. Petits airs pour 2 flûtes.		4	50
Neubauer. Op. 7. Trois duos.		6	
Pleyel (Ign.). Six duos faciles, 1er liv.	44.	6	
2e	47.	6	
— Trois grands duos, 3e	69.	6	
— Six duos, 4e N° 1.	235.	6	
— 2.	244.	6	
— Op. 29. Par Garnier.	131.	5	
— 30. Trois duos.	5.	6	
— 8. Six petits gradués p. les élèves. 1er liv.	723.	5	
2e	724.	5	
Rault. Op. 5. Six duos faciles.		5	
— 6. — —		5	
— 7. Trois duos. 1er liv.		5	
2e		5	
Reichler. Op. 1. Trois duos.		6	
— 2. — —		6	
Renat (H.). Op. 11. Trois duos concertans.	2781.	7	50
Schmitt. Op. 7. 1er liv. Trois duos.		6	
2e —		6	
— 8. 1er —		6	
2e —		6	
Strunz (Jacques). Suite de l'œuv. 8, Trois duos.		9	
Tulou. Op. 33. Trois duos.	1608.	9	
Vanderhagen. Vingt-quatre duos faciles.		6	
— Airs et duos extraits de sa méthode.	191.	7	50
Vogel. Op. 35. Trois duos.		6	
*** Collection de pièces faciles p. 2 flûtes en 4 livraisons. Chaque.		4	50

DUOS POUR FLUTE ET VIOLON.

Ouvrage	N°	fr.	c.
Pleyel (Ignace). Trois grands duos.	46.	7	50
Walter. Six duos faciles et dialogués.		7	50

DUOS POUR FLUTE ET ALTO.

Ouvrage	N°	fr.	c.
Rault. Op. 6. Six grands duos.		7	50

DUOS POUR FLUTE ET PIANO CONCERTANS.

Voyez Duos de Piano et Flute.

DUOS POUR FLUTE ET HARPE.

	fr.	c.
Gianella. Op. 3. Duo très facile.	4	50
Tulou et Mlle Bertrand. Op. 26. Nocturne. 1527.	7	50

DUOS POUR FLUTE ET GUITARE.

De Call. Op. 19. Sérénade. 1293.	4	50
— 54. —	4	50
— 65. — très facile. 1294.	4	50
— 87. — —	4	50
— 92. —	4	50
Kuffner. Op. 70. —	3	75
— 71. —	3	75
— 72. —	3	75

SONATES.

Devienne. Six sonates. 5e livre, 1re partie. 463.	7	50
2e 464.	7	50
Drouet. Sonatines extraites de la méthode. 1977.	7	50
Reichler. Deuxième sonate.	7	50

ÉTUDES, EXERCICES, ETC.

Drouet. Douze leçons progressives extraites de sa méthode. 1977.	6	
— Quarante-six exercices de tous genres extraits de sa méthode. 1re partie. 1977.	7	50
2e 1977.	7	50
— Grand exercice extrait de sa méthode. 1977.	4	50
— Étude modulée dans les tons les plus agréables. 2697.	3	
— Dix-huit préludes et six cadences dans les modes les plus usités. 2666.	3	75
Gabrielsky. Op. 66. Quatre-vingt-quatorze préludes propres à s'exercer par cœur.	4	50
Weiss (Charles). Études contenant un choix de pièces mélodieuses, brillantes et instructives.	5	

MÉLANGES.

Berbiguier. Op. 89. Fantaisie sur des motifs du Colporteur, avec accompagnement de piano. 2256.	7	50
— — avec acc. d'orchestre. 2256.	12	
* Cottignies. Op. 3. Fantaisie sur des motifs de Fiorella, avec accompagnement de piano.	7	50
Devienne. Premier pot-pourri, avec acc. de violon (*ad libitum*.).	3	
— Deuxième — — —	3	
— Troisième — — —	3	
Drouet. Ronde de Fiorella variée avec accomp. de piano. 41.	4	50
— Fantaisie sur la barcarolle de Fiorella avec accomp. de piano. 62.	4	50
— *Voi che sapete*, varié avec accomp. de piano. 1775.	4	50

	fr.	c.
Drouet. *Una voce poco fa*, cavatine du Barbier, avec accomp. de piano. 1652.	4	50
— Fantaisie sur *Ecco ridente*, cavatine du Barbier, avec accomp. de piano. 1653.	4	50
— Marche bohémienne variée avec acc. de piano. 2714.	4	50
Dressler. *O dolce concento*, varié avec acc. de piano. 769.	2	25
— Air anglais favori, varié avec acc. de piano.	3	
— Marche de Moïse, arrangée avec acc. de piano. 262.	3	
Fléché. Op. 21. Le bon roi Dagobert, varié avec acc. de piano.	4	50
Gabrielsky. Op. 63. Amusemens faciles pour 2 flûtes.	5	
— 70. Variations sur Otello, avec acc. de piano.	7	50
— 71. Adagio et variations sur un thème de Carafa, avec acc. de piano.	7	50
Hoffmeister. Op. 5. Douze variations avec acc. de violon, alto et violoncelle.	4	50
Keller. Op. 6. Fantaisie avec acc. de piano. 137.	4	50
Kœrner. *Nel cor più*, varié avec acc. de basse.	4	
Mayseder. Op. 40. Variations avec acc. de piano. 1841.	4	50
— Adagio et rondo avec acc. de piano. 423.	5	
Muller. Petits airs pour 2 flûtes.	4	50
Petibon. Troisième thème varié avec acc. de piano.	5	
— — — — d'orchestre.	7	50
Salin. Op. 6. Pastorale variée avec acc. de quatuor.	4	50
Schmitt. Six airs variés avec acc. d'une seconde flûte.	4	50
Tulou. Op. 22. Air varié avec acc. de piano. 1409.	7	50
— — d'orchestre. 1409.	10	
— 23. Fantaisie avec acc. de piano. 1423.	6	
— 26. Nocturne pour flûte et harpe concertans. 1527.	7	50
— 27. Fantaisie pour piano et harpe concertans. 1534.	7	50
— 28. Air varié avec acc. de piano. 1607.	6	
— 29. Fantaisie avec acc. de piano. 1556.	7	50
* — 30. Voilà le plaisir, avec acc. de piano ou quatuor.	9	
* — 32. N° 2, sur une cavatine de Tancredi, avec acc. de piano.	4	50
* — 41. Fantaisie sur les Deux Journées avec orchestre ou piano.	9	
Weiss. Op. 22. Solo avec acc. de piano.	4	50
*** Collection de pièces faciles variées pour 2 flûtes. Nos 1, 2, 3, 4. Chaque.	4	50

MÉLANGES POUR FLUTE SEULE.

Drouet. Les Bijoux, collection de 18 airs favoris de Rossini, Mercadante, Meyerbeer, Mozart, etc. 2719.	5	
Dressler. Douze airs de Mozart. 1er livre.	3	75
2e 869.	3	75
— Choix d'airs favoris de Rossini. 749.	3	75
— — du Crociato de Meyerbeer. 1839.	3	75
— Airs nationaux. 1er livre. 811.	3	75
2e 813.	3	75
Diabelli. Choix d'airs de Tancrède. 224.	5	
— — du Turc en Italie. 225.	5	
Gabrielsky. Op. 68. Fantaisie.	2	50
— 69. Divertissement.	3	
Gebauer. Air écossais de la Dame Blanche, varié.	1	50
— Air favori du Comte Ory, varié. 2368.	1	50
Kuhlau. Fantaisie. 2399.	4	50
Muller. Air varié. 348.	3	
Pleyel (Ignace). Trois solos.	6	

	No.	fr.	c.
Saust. Airs favoris de Robin des Bois. 1er livre	1647.	3	75
— — — 2e	1896.	3	75
Vaillant. *O Pescator dell'onda*, varié	1333.	1	50
*** Barcarolle du Carnaval de Venise, variée	1429.	1	50
*** Les Plaisirs de la solitude, ou choix d'airs d'opéras-comiques et italiens. 1er livre	109.	3	
— — 2e		3	
— — 3e	677.	3	
— — 4e	678.	3	
— — 5e		3	
— — 6e		3	
— — 7e	920.	3	
— — 8e	921.	3	
— Airs choisis variés		4	50

AIRS D'OPÉRAS POUR DEUX FLUTES.

	No.	fr.	c.
Méhul. Airs d'Adrien		7	50
Onslow. — du Colporteur, arrangés par Vaillant		6	
Auber. — de Fiorella, arr. par Bittermann. N° 1.	2039. A.	4	50
— — — — 2.	2039. B.	4	50
Mozart. — de la Flûte enchantée		4	50
Méhul. — de l'Irato		6	
Dalayrac. — de la Jeune Prude, arrangés par Vanderhagen	155.	6	
Auber. — de Léocadie, arrangés par Gebauer		4	50
Mozart. — du Mariage de Figaro		7	50
Haydn. — de l'Oratorio, arrangés par Vanderhagen	962.	7	50
Dalayrac. — du Pavillon des fleurs		6	
— — de Picaros et Diégo	568.	6	
Adam (Ad.). Airs de Pierre et Catherine, arr. par Gebauer	2624.	4	50
Méhul. Airs d'Une Folie	494.	9	
Dalayrac. Airs d'Une Heure de mariage, arr. par Vanderhagen		6	

OUVERTURES POUR DEUX FLUTES.

	No.	fr.	c.
Dalayrac. Adolphe et Clara	1069.	2	50
Méhul. Adrien		2	50
Dalayrac. Azémia	1068.	2	50
Monsigny. Belle (la) Arsène	1083.	2	50
Dezède. Blaise et Babet	1084.	2	50
Méhul. Bion		2	50
Dalayrac. Camille ou le Souterrain	1036.	2	50
Grétry. Caravane (la)	1007.	2	50
Martini. *Cosa rara* (la)	1090.	2	50
Kreubé. Coq (le) du village	1820.	2	50
Onslow. Colporteur, ouverture et entr'acte (le)		3	75
Vogel. Démophon	1052.	2	50
Monsigny. Déserteur (le)	1022.	2	50
Dalayrac. Deux petits Savoyards (les)	1045.	2	50
— Dot (la)	1086.	2	50
Chérubini. Épicure		2	50
Grétry. Épreuve villageoise (l')	1089.	2	50
Auber. Fiorella	2028.	2	50
Paesiello. Frascatana (la)	1087.	2	50
Berton. Grand Deuil (le)		2	50
Dalayrac. Gulnare	1032.	2	50
Martini. Henri IV	1026.	2	50
Nicolo. Impromptu de Campagne (l')		2	50
Gluck. Iphigénie en Aulide	1013.	2	50

	No.	fr.	c.
Méhul. Irato (l')	434.	2	50
Dalayrac. Jeune Prude (la)	655.	2	50
Kreutzer. Lodoïska	1092.	2	50
Auber. Léocadie	403.	2	50
Dalayrac. Léon ou le Château de Monténéro		2	50
Auber. Maçon (le)	480.	2	50
Dalayrac. Maison à vendre (la)	1070.	2	50
Mozart. Mariage de Figaro (le)	1099.	2	50
Cimarosa. Mariage secret (le)	1029.	2	50
Champein. Mélomanie (la)	1093.	2	50
Grétry. Panurge	1016.	2	50
Dalayrac. Pavillon des fleurs (le)		2	50
Adam (Ad.). Pierre et Catherine	2622.	2	50
Dalayrac. Picaros et Diégo		2	50
Grétry. Richard-Cœur-de-Lion	1071.	2	50
Dalayrac. Soirée orageuse (la)	1048.	2	50
Auber. Timide (le)		2	50
Méhul. Une Folie		2	50
Dalayrac. Une Heure de mariage		2	50
Fioraventi. *Virtuosi ambulanti*		2	50
Devienne. Visitandines (les)	1096.	2	50
Grétry. Zémire et Azor	1010.	2	50

CONTREDANSES ET WALSES.

	No.	fr.	c.
Gard (Jules). Quadrille de Clari	2502.	2	50
Leroy. Walses, marches, etc.		3	
Mozart. Walses en trois livraisons. 211, 212, 213. Chaque.		3	
Steibelt. Walses		4	50
Tolbecque. Quadrille du Colporteur		2	50
Walter. Walses en trois livraisons. Chaque		2	50

Ouvrages pour la Clarinette.

SYMPHONIES CONCERTANTES.

	No.	fr.	c.
Gresnick. Pour clarinette et basson principaux		7	50
Hoffmeister. — — —		12	
— Pour deux clarinettes principales		9	
Walter. — — —		9	
Widerkehr. Première pour clarinette et basson principaux		9	
— Deuxième — — —		9	

CONCERTOS.

	No.	fr.	c.
Michel. Premier, en *si* bémol		9	
— Deuxième, —		9	
— Troisième, —		9	
— Quatrième, en *la*		9	
— Cinquième, en *mi* bémol		9	
— Sixième, en *mi* majeur	253.	9	
— Septième, en *si*	395.	9	

fr. c.

Michel. Huitième, en *si*. 396. 9
— Neuvième, — 9
— Dixième, — 252. 9
— Onzième, — 9
— Douzième, — 9
— Treizième, — 9
— Quatorzième, en *mi* bémol. 9
Mourin. Premier. 7 50
Mozart. Premier, en *la*. 9
Pleyel (Ignace). Premier, en *ut*. 9
Pfeilsicker. Premier, en *si* bémol. 9
Vanderhagen. Troisième, — 9

QUINTETTI.

Reicha. Op. 89. Pour clar., en *si*, 2 violons, alto et basse. 1307. 7 50

QUATUORS.

Eler. Op. 10. Trois pour 2 clarinettes, cor et basson. 698. 12
Hoffmeister. 1er livre. Trois pour clar., violon, alto et basse. 7 50
2e — — — . . 381. 7 50
— Trois pour clarinette, en *si*, violon, alto et basse. . . 12
Vanderhagen. Trois pour clarinette, flûte, cor et basson, extraits des œuvres de Boccherini. 12

DUOS POUR DEUX CLARINETTES.

Bochsa. Trois duos. 1er livre. 7 50
2e 875. 7 50
Michel. Trois, extr. de ses concertos par Vanderhagen. 1er livre. 9
— — — — — — 2e . 6
— — — — — — 3e . 6
— Six, — — — — 4e . 6
— Op. 4. Six duos. 357. 7 50
Pleyel (Ignace). Six, faciles pour les élèves. 1er livre. 45. 4 50
2e 48. 4 50
— Six, faciles et gradués pour les élèves, par Gebauer. 1er livre. 733. 5
2e 741. 5
— Trois grands, extraits de ses œuvres par Leroy. . . . 6
— Six faciles, extraits de ses œuv. par Vanderhagen. 918. 6
Reicha. Six duos. 7e livre. 7 50
— Op. 11. Airs variés en duos. 6
Schmitt. Op. 4. Six duos. 1er livre. 7 50
2e 7 50
— Op. 19. Trois. 7 50
Vanderhagen. Op. 34. Six, faciles. 7 50
— Airs et duos d'une exécution facile. 7 50

DUOS POUR CLARINETTE ET VIOLON.

Michel. Op. 8. Six duos. 9
— 9. — — 9

DUOS POUR CLARINETTE ET BASSON.

Gebauer. Op. 22. Trois. 1er livre. 236. 7 50
2e 237. 7 50
Melchior (frères). Op. 21. Trois grands. 1855. 9

DUOS POUR CLARINETTE ET PIANO CONCERTANS.

Voyez Duos de Piano et Clarinette.

EXERCICES.

fr. c.

Bærmann. Op. 30. Exercices dédiés aux amateurs. 6

MÉLANGES.

*** Airs choisis variés pour clarinette seule. 4 50
Canongia. Thème varié avec acc. d'orchestre. 9
Gebauer. Air écossais de la Dame Blanche, varié pour clarinette seule. 1853. 1 50
— Air favori du Comte Ory, varié p. clarin. seule. 2369. 1 50
Hoffmeister. Petites pièces d'une difficulté progressive pour 2 clarinettes. 1re partie. 4 50
2e 4 50
3e 4 50
Walter. Six airs variés pour 2 clarinettes. 3 75
— — — — — 4 50
— Pot-pourri pour 2 clarinettes. 1er livre. 4 50
2e 4 50
— Douze walses pour 2 clarinettes. 2e livre. . . . 745. 3 75
Weber. Variations pour clarinette et piano concertans. 4 50
Vaillant. Barcarolle du Carnaval de Venise, variée p. clar. seule. 1 50
— *O Pescator dell'onda*, variée p. clar. seule. 1 50
*** Les Plaisirs de la solitude, petits airs d'opéras français et italiens en 8 livraisons. 639, 664. Chaque. . . . 3

AIRS D'OPÉRAS POUR DEUX CLARINETTES.

Méhul. Airs d'Adrien. 7 50
Mozart. — de Don Juan. 5
— — de la Flûte enchantée. 4 50
Méhul. — de l'Irato. 5
Dalayrac. — de la Jeune Prude, arrangés par Vanderhagen. 5
Auber. — de Léocadie, arrangés par Gebauer. 4 50
Dalayrac. — de Picaros et Diégo, arrangés par Vanderhagen. . . 5
Méhul. — d'Une Folie. 7 50
Dalayrac. — d'Une Heure de mariage. 5

OUVERTURES POUR DEUX CLARINETTES.

Dalayrac. Adolphe et Clara. 1069. 2 50
Méhul. Adrien. 2 50
Dalayrac. Azémia. 1068. 2 50
Monsigny. Belle Arsène (la). 1088. 2 50
Méhul. Dion. 2 50
Dezède. Blaise et Babet. 1084. 2 50
Dalayrac. Camille ou le Souterrain. 1037. 2 50
Grétry. Caravane (la). 1008. 2 50
Kreubé. Coq de village (le). 2 50
Martini. *Cosa rara* (la). 1090. 2 50
Vogel. Démophon. 1053. 2 50
Monsigny. Déserteur (le). 1023. 2 50
Dalayrac. Deux petits Savoyards (les). 1046. 2 50
— Dot (la). 1086. 2 50
Chérubini. Épicure. 2 50

OUVRAGES POUR LA CLARINETTE.

		fr.	c.
Grétry. Épreuve villageoise (l').	1089.	2	50
Auber. Fiorella.	2029.	2	50
Paesiello. Frascatana (la).	1087.	2	50
Berton. Grand Deuil (le).		2	50
Dalayrac. Gulnare.	1033.	2	50
Martini. Henri IV.	1027.	2	50
Nicolo. Impromptu de campagne (l').		2	50
Gluck. Iphigénie en Aulide.	1014.	2	50
Méhul. Irato (l').	385.	2	50
Dalayrac. Jeune Prude (la).	656.	2	50
Auber. Léocadie.	403.	2	50
Kreutzer. Lodoïska.	1092.	2	50
Auber. Maçon (le).	505.	2	50
Dalayrac. Maison à vendre (la).	1070.	2	50
Mozart. Mariage de Figaro (le).	1099.	2	50
Cimarosa. Mariage secret (le).	1030.	2	50
Champein. Mélomanie (la).	1093.	2	50
Grétry. Panurge.	1017.	2	50
Dalayrac. Pavillon des fleurs (le).		2	50
Grétry. Richard-Cœur-de-Lion.	1071.	2	50
Dalayrac. Soirée orageuse (la).	1049.	2	50
Méhul. Une Folie.		2	50
Dalayrac. Une Heure de mariage.		2	50
Fioravanti. *Virtuosi ambulanti.*		2	50
Devienne. Visitandines (les).	1096.	2	50
Grétry. Zémire et Azor.	1011.	2	50

WALSES.

		fr.	c.
Leroy. Walses et allemandes.		3	
Sticker. Walses.		3	
Walter. Walses. 1re partie.		3	
2e		3	

Ouvrages pour le Cor.

SYMPHONIES CONCERTANTES.

		fr.	c.
Widerkehr. Pour cor et basson principaux.		9	

CONCERTOS.

		fr.	c.
Punto. Cinquième.		9	
— Quatorzième.		9	
Rosetti. Quatrième.		9	
Straunz (Jacques). Premier.		9	

QUATUORS.

		fr.	c.
Martin (A.). Op. 7. Sérénade pour 4 cors.	1353.	6	
Punto. Op. 18. Trois quatuors favoris pour cor, violon, alto et basse.	512.	9	

OUVRAGES POUR LE COR.

TRIOS.

		fr.	c.
Dauprat. Douze pour 3 cors. 1er livre.	1561.	7	50
2e	1562.	7	50
Martin (A.). Sérénade pour 3 cors.	852.	3	75
— Op. 14. — — —	2568.	7	50
Reicha. Op. 82. Vingt-quatre pour 3 cors. 1er livre. A.	978.	7	50
2e B.	978.	7	50
3e C.	978.	7	50
4e	1377.	7	50
— Op. 93. Douze p. 2 cors et violoncelle. 1er livre.	1378.	7	50
2e	1379.	7	50
Schmitt. Divertissement pour 2 cors et basson.	644.	7	50

DUOS.

		fr.	c.
Coste. Douze pour 2 cors. 2e livre.		3	75
Duvernoy (Fréd.). Fantaisie concertante pour cor et piano.	898.	6	
Hoffmeister. Douze pour deux cors. 2e livre.		4	50
Jacqmin. Op. 15. Fantaisie pour cor et piano concertans sur des motifs du Colporteur.	2246.	7	50
Martin (A.). Op. 9. Fantaisie sur un thème de Rossini pour cor et clarinette concertans, avec acc. de 2 violons, alto, basse et 2 cors (*ad libitum*).	2698.	5	
— Op. 11. Nocturne sur un thème de Tancrède pour cor et hautbois concertans, avec acc. de 2 violons, alto, basse et 2 cors (*ad libitum*).	2699.	5	
Melchior (frères). Op. 18. Trois grands duos p. cor et basson.	1850.	7	50
— Op. 40. Nocturne pour cor et basson avec acc. de 2 violons, alto et basse.	2695.	7	50
— Le même, avec acc. de piano.	2695.	6	
Schneider. Duos pour 2 cors sur des motifs du Colporteur.	2242.	6	

ÉTUDES.

		fr.	c.
Duvernoy (Frédéric). Études faisant suite à sa Méthode. (2e édit.).	509.	20	

MÉLANGES.

		fr.	c.
Martin (A.). Op. 12. Solo sur des thèmes de Tancrède pour le cor, en *la*, avec acc. de 2 violons, alto, basse et 2 cors. (*ad libitum.*).	2700.	6	
— Op. 18. Fantaisie ou solo pour le cor, en *fa*, avec acc. de piano ou d'une clarinette ou hautbois, 2 cors, alto et basse.	2848.	6	

Ouvrages pour le Basson.

CONCERTOS.

		fr.	c.
Hoffmeister. Premier concerto.		12	

DUOS.

fr. c.

DE CALL. Op. 12. Trois pour basson et hautbois. 705. 6

GEBAUER. Op. 22. — — et clarinette. 1er livre. 236. 7 50

2e 237. 7 50

MELCHIOR (frères). Op. 18. Trois grands pour basson et cor. 1850. 7 50

— 21. — — et clarinette. 1855. 9

— 40. Nocturne pour basson et cor. 2695. 7 50

OZI. Trois pour 2 bassons. 455. 7 50

SCHMITT. 3e livre de duos pour 2 bassons. 2e partie. 6

— 5e — — — 1re 882. 6

2e 883. 6

MÉLANGES.

DEVIENNE. Six sonates, avec acc. de basse. 2e livre, 1re part. 466. 7 50

2e 2e 467. 7 50

MELCHIOR. Op. 19. Air varié, avec acc. de quatuor. 1849. 5

RANIERI NANNI. Thème varié, avec acc. d'orchestre. 6

SCHMITT. Six airs variés, avec acc. d'un second basson (*ad libit.*). 6

Ouvrages pour le Hautbois.

CONCERTOS.

VOGT. Premier concerto. 506. 10

— Deuxième. 10

QUATUORS.

BROD. Op. 13. Airs en quatuors pour hautbois, clarinette, cor et basson. (La partie de hautbois peut se remplacer par une flûte, un violon ou une clarinette en *ut;* celle de cor par un alto et celle de basson par une basse.) 1re livraison. 278. 9

— Op. 14. 2e livraison, avec les mêmes instrumens. 955. 9

TRIOS.

BROD. Op. 11. Deuxième fantaisie en trio pour hautbois, piano et basson. (La partie de hautbois peut se remplacer par une flûte et celle de basson par un violoncelle.) 818. 9

— Op. 24. Cinquième pour les mêmes instrumens. 2403. 9

GOODMANN. Fantaisie en trio pour hautbois, piano et basson. (La partie de basson peut se remplacer par une clarinette en *ut*.) 7 50

DUOS.

ADAM et VÉNY. Première fantaisie en duo pour hautbois et piano. (La partie de hautbois est arrangée pour flûte ou violon.) 7 50

fr. c.

BOCHSA. Op. 5. Six duos pour 2 hautbois. 1er livre. 7 50

2e 876. 7 50

DE CALL. Op. 12. Trois duos pour hautbois et basson. 705. 6

GARNIER. Six duos faciles pour 2 hautbois. 4 50

GEBAUER. Trois duos pour 2 hautbois, extraits des œuvres de Pleyel. 405. 7 50

ÉTUDES, EXERCICES, etc.

BRAUN. Vingt-quatre exercices avec acc. de piano. 6

GARNIER. Études et caprices. 7 50

MÉLANGES.

GARNIER. Six sonates faciles. 4 50

— Six airs variés. 4 50

VÉNY. Op. 3. Cavatine de l'Italienne à Alger variée avec acc. de piano ou de quatuor. 7 50

VOGT. Fantaisie sur des thèmes de Léocadie avec acc. d'orch. 2649. 7 50

— Air suisse varié avec acc. d'orchestre. 2795. 7 50

Ouvrages pour le Flageolet.

CONCERTOS.

BELLAY. Premier concerto. 9

— Deuxième. 9

— Troisième. 9

— Quatrième. 9

PFEILLSTICKER. Premier. 9

DUOS POUR DEUX FLAGEOLETS.

BELLAY. Six, faciles, extraits des œuv. de Michel. 1re partie. 922. 6

2e 923. 6

— Douze — — — 2e 4 50

MÉLANGES.

*** Airs du Pavillon des fleurs pour 2 flageolets. 4 50

BELLAY et DEVIZIEN. Quinze leçons faciles extraites des solféges d'Italie pour 2 flageolets. 6

— Pot-pourri pour flageolet seul. 2 50

— Air varié — — — 3

ROY (Eugène). Op. 21. Récréations pour 2 flageolets. 4 50

— 22. — — — 4 50

CONTREDANSES ET WALSES.

BELLAY et ROY. Récréations champêtres, walses pour 2 flageolets. 1re partie. 819. 4 50

2e 820. 4 50

OUVRAGES POUR LE FLAGEOLET.

	fr.	c.
Gard (Jules). Quadrille de Clari pour 2 flageolets. . . . 2503.	2	50
Leroy (Pierre). Recueil de walses, marches, etc., pour flageolet seul.	2	50
Roy (Eugène). Op. 14. Recueil de walses pour flageolet seul. . .	4	50
Tolbecque. Quadrille du Colporteur pour 2 flageolets.	2	50

Harmonie.

OUVERTURES EN HARMONIE.

Bion, arrangée par Vanderhagen à	10 ou 14 parties à volonté.			9	
Don Juan,	—	8 — 12	— 956.	9	
Grand Deuil (le),	—	8 — 11	—	9	
Impromptu de campag. (l'),	—	8 — 12	—	7	50
Jeune Prude (la),	—	8 — 10	— 657.	7	50
Mariage de Figaro (le),	—	8 — 11	—	9	
Picaros et Diégo,	—	8 — 11	—	7	50
Une Folie,	—	9 parties.	. . . .	7	50
Une Heure de mariage,	—	8 ou 11 parties à volonté.		7	50

AIRS D'OPÉRAS EN HARMONIE.

Airs de la Création de Haydn, à 8 ou 13 parties à volonté. 1re livraison.	9	
2e	9	
Ouverture et airs de Fiorella, arrangés par Brod. . . . 2447.	15	
Ouverture et airs de la Flûte enchantée, arrangés par Schmitt, à 8 parties. 1re livraison.	9	
2e	9	
Douze airs choisis dans la Flûte enchantée, arrangés à 8 parties.	9	
Airs du Grand Deuil, arrangés par Vanderhagen, à 8 ou 10 parties à volonté.	12	
Ouverture et airs de l'Irato, arrangés par Ozi, à 6 parties. 454.	12	
Airs de la Jeune Prude, arrangés par Vanderhagen, à 8 ou 11 parties à volonté.	12	
Airs de Léocadie et du Maçon, arrangés par Melchior. 1971.	7	50
Airs de Picaros et Diégo, arrangés par Vanderhagen, à 8 ou 10 parties à volonté.	12	
Airs du Sacrifice interrompu de Winter, arrangés par Stumpf, à 8 parties.	12	
Airs d'Une Folie, arr. par Vanderhagen. 8 parties, 1re livraison.	9	
— 2e	9	
Airs d'Une Heure de mariage, arr. par Vanderhagen. 8 ou 10 parties à volonté.	12	

PIÈCES DIVERSES EN HARMONIE.

Castil-Blaze. Airs nationaux pour les cérémonies civiles et militaires, à 9 ou 15 parties à volonté. . . . . . 1251.	12	
— Marches, pas redoublés et walses, à 10 ou 13 parties à volonté.	12	
— Marche, boléro et pas redoublé, à 9 ou 14 parties à volonté.	10	

OUVRAGES EN HARMONIE.

	fr.	c.
David Buhl. Pas redoublé. . . . . 2559.	4	50
Fuchs. Marches et pas redoublés. . . . . 1194.	7	50
Gide (Casimir). Pas redoublés. . . . . 2766.	7	50
Hoffmeister. Harmonie à 8 parties.	7	50
Melchior. La Retraite espagnole, marche militaire. . . 1971.	3	75
Rogers. Vingt divertissemens à 5 parties.	7	50
Rosetti. Harmonie à 8 parties.	7	50
Schmitt. Airs italiens à 8 parties. 1re livraison.	9	
— Airs tirés des quatuors de Pleyel, au roi de Prusse, à 6 parties.	9	
— Marches, pas redoublés et walses à 9 et 12 parties à volonté.	12	
Vanderhagen. Morceaux choisis des symphonies d'Haydn, à 8 parties. 1re livraison. . . . . 967.	9	
2e	9	
— Fanfares à 4 trompettes, 1re, 2e, 3e, 4e, 5e, livraisons. Chaque.	2	50
Weilland. Harmonie à 8 parties.	6	

Ouvrages pour le Piano.

SYMPHONIES.

Beethoven. Première grande en *ut* majeur, pour piano, flûte, violon et violoncelle, arrangée par Hummel. . . 780.	12	
Dussek. Op. 63. Grande pour 2 pianos concertans avec acc. de quatuor (*ad libitum*).	18	
— La même, pour 2 pianos seulement.	15	
Haydn. Six symphonies pour piano avec acc. de violon et violoncelle (*ad libitum*). 1er livre. . . . . 327.	12	
2e	12	
Mozart. Première pour piano, flûte, violon et basse, arrangée par Hummel. . . . . 36.	9	
Pleyel (Ignace). Symphonie concertante en *la* pour piano et violon obligé, avec acc. d'orchestre (*ad libitum*).	12	
— Deuxième symphonie concertante en *fa* pour les mêmes instrumens.	12	

COLLECTIONS DES SYMPHONIES DE BEETHOVEN,

arrangées à quatre mains.

Beethoven. Première, en *ut* majeur. . . . . 2363.	10	
— Deuxième, en *ré* — . . . . 2401.	10	
— Troisième, héroïque. . . . . 2269.	10	
— Quatrième, en *si* bémol. . . . . 2364.	10	
— Cinquième, en *ut* mineur. . . . . 2268.	10	
— Sixième, pastorale. . . . . 2266.	10	
— Septième, en *la* majeur. . . . . 2267.	12	
— Huitième, en *fa* majeur. . . . . 2265.	10	
— Neuvième, en *ré* mineur. . . . . 2553.	18	
— La Collection des 9 symphonies, au lieu de 100 fr...	80	

QUINTETTI

arrangés à quatre mains.

fr. c.

MOZART. Six quintetti arr. à 4 mains, par Stegmann. 1er liv. . . . 7 50
2e 2052. 7 50
3e . . . 7 50
4e . . . 7 50
5e . . . 7 50
6e . . . 7 50
— La Collection des six, au lieu de 45 fr. 36
ONSLOW (G.). Quatrième quintetto, arrangé à 4 mains par Mockwitz. 2633. 9
— Dixième — — — 2667. 12

CONCERTOS.

BOMTEMPO. Premier, en *mi* bémol, avec acc. d'orchestre. 12
— Deuxième, en *fa* mineur, avec acc. d'orchestre. . . . 12
CRAMER. Quatrième, en *ut*, pour piano seul. 757. 9
— Le même, avec acc. d'orchestre. 757. 15
CZERNY. Op. 210. Concertino pour piano seul. 2727. 7 50
— Le même, avec acc. de quatuor. 2727. 10
— — — d'orchestre. 2727. 15
DUSSEK. Premier, pour piano seul. 1965. 6
— Le même, avec acc. d'orchestre. 1965. 10
— Deuxième, pour piano seul. 1963. 7 50
— Le même, avec acc. d'orchestre. 1963. 12
— Troisième, pour piano seul. 1964. 6
— Le même, avec acc. d'orchestre. 1964. 10
— Quatrième, pour piano seul. 1967. 6
— Le même, avec acc. d'orchestre. 1967. 10
— Cinquième, pour piano seul. 1146. 7 50
— Le même, avec acc. d'orchestre. 1146. 12
— Sixième, pour piano seul. 1961. 7 50
— Le même, avec acc. d'orchestre. 1961. 12
— Septième, pour piano seul. 1969. 7 50
— Le même, avec acc. d'orchestre. 1969. 12
— Huitième, militaire, pour piano seul. 239. 7 50
— Le même, avec acc. d'orchestre. 239. 12
— Neuvième, pour piano seul. 1970. 9
— Le même, avec acc. d'orchestre. 1970. 15
— Dixième (connu douzième) pour piano seul. 1962. 9
— Le même, avec acc. d'orchestre. 1962. 15
FIELD (John). Premier, pour piano seul (nouv. édit.). 2857. 7 50
HUMMEL. Op. 85, en *la* mineur, pour piano seul. 1630. 10
— Le même, avec acc. de quatuor. 1630. 15
— — d'orchestre. 1630. 20
— Op. 89, en *si* mineur, pour piano seul. 2. 12
*— Op. 113, en *si* bémol majeur, avec acc. d'orchestre. 24
JADIN. Quatrième, en *ré* mineur, avec acc. d'orchestre. 12
JARNOWICK. Dix-septième, arrangé par Cramer, avec acc. d'orch. 9
— Dix-septième et dix-huitième, arrangés en sonates par Dussek. 9
KALKBRENNER (Fréd.). Op. 61. Premier, pour piano seul. 1596. 10
— Le même, avec acc. de quatuor. 1596. 15
— — — d'orchestre. 1596. 20
— Op. 80. Deuxième, pour piano seul. 658. 10
— Le même, avec acc. de quatuor. 658. 15
— — — d'orchestre. 658. 20

fr. c.

KALKBRENNER (F.). Op. 107. Troisième concerto, pour piano seul. 2854. 10
— Le même, avec acc. de quatuor. 2854. 15
— — — d'orchestre. 2854. 20
MOZART. Grand concerto posthume, en *ut*, arrangé par Fréd. Kalkbrenner, pour piano seul. 2186. 9
— Le même, avec acc. de quatuor. 15
— — — d'orchestre. 20
* PIXIS. Op. 68. Concertino avec acc. d'orchestre. 15
STEIBELT. Troisième, en *mi* majeur, contenant l'Orage, pour piano seul. 193. 9
— Le même, avec acc. d'orchestre. 15
— Septième, militaire, en *mi* mineur, p. piano seul. 1306. 9
— Le même, avec acc. de quatuor. 1306. 12
— — — d'orchestre. 1306. 18
VIOTTI. Dix-huitième, arrangé par Dussek, pour piano seul. . . 7 50
— Le même, avec acc. d'orchestre. 12

SEPTUORS.

HUMMEL. Op. 74. Grand, pour piano, flûte, hautbois, cor, alto, violoncelle et contrebasse, en *ré* mineur. . . . 1285. 15

SEXTUORS.

KALKBRENNER (Fréd.). Op. 58, pour piano, 2 violons, alto, violoncelle et basse. 1555. 12
ONSLOW (G.). Op. 30, pour piano, 2 violons, alto, violoncelle et contrebasse. 74. 15
— — pour piano, flûte, clarinette, cor, basson et contrebasse. (A défaut d'instrumens à vent, on peut les remplacer par deux violons, alto et violoncelle.). 74. Prix, ensemble. 24

QUINTETTI.

BOCCHERINI. Op. 46. Six pour piano, 2 violons, alto et basse.
1er livre. 247. A. 7 50
2e 247. B. 7 50
3e 247. C. 7 50
4e 7 50
5e 7 50
6e 7 50
DUSSEK. Op. 41, p. piano, violon, alto, violonc. et contreb. 596. 9
HUMMEL. Op. 74, pour piano, violon, alto, basse et contrebasse. (Extrait du septuor en *ré* mineur.). 1285. 12
— Op. 87, p. piano, violon, alto, violonc. et contreb. 77. 10
KALKBRENNER (Fréd.). Op. 30, pour piano, deux violons, alto et basse. 1248. 10
— Op. 81, p. piano, 2 violons, alto et basse (ou clarinette, cor, basson et contrebasse). 1837. 12

QUATUORS.

BEETHOVEN. Op. 16, pour piano, violon, alto et basse. 1163. 9
— Première grande symphonie, arrangée en quatuor pour piano, flûte, violon et violoncelle, par Hummel. 780. 12

fr. c.

BERTINI (Henri). Op. 75. Sérénade p. piano, violon, alto et basse. 2579. 10
— Op. 76. — — — — 2647. 10
DUSSEK. Quatuor en *mi* bémol, dédié au prince Ferdinand, pour piano, violon, alto et basse. 770. 10
MAYSEDER. Op. 24. Variations en quatuor pour piano, violon, alto et violoncelle. 1986. 7 50
MOZART. 10e cahier de la Collection, 3 quatuors. J; ensemble. 12
— 1er, séparé en *mi* b., p. piano, violon, alto et violonc. J. 7 50
— 2e — en *sol* min. — — — J. 7 50
— 3e — en *mi* b. — — — J. 7 50
— 4e, en *la*, extr. du quintetto — — — 1552. 7 50
— Op. 38, en *mi* b. — — — 7 50
— Première symphonie, arrangée en quatuor pour piano, flûte, violon et violoncelle, par Hummel. 36. 9
PLEYEL (Camille). Op. 3, pour piano, violon, alto et basse. 1387. 9
PLEYEL (Ignace). 1er livre. Trois quat., arrangés par Lachnith pour piano, 2 violons et basse. 248. 10
— Trois, dédiés au roi de Prusse, arrangés par Lachnith pour piano, deux violons et basse. 1re partie. 623. 10
2e 10
3e 10
4e 626. 10
— Six, dédiés au roi de Naples, arrangés par Lachnith pour piano, deux violons et basse. 1re partie. 627. 10
2e 628. 10
RETMEYER. Quatuor pour piano, violon, alto et basse. 9
ROMBERG (A.). Op. 19. Quatuor pour piano, violon, alto et basse. 1779. 9

TRIOS.

AUBER (F.). Op. 1, pour piano, violon et violoncelle. 683. 7 50
BAUDIOT (Ch.). Op. 17, p. piano, harpe et violoncelle ou violon. 334. 12
32, p. piano, flûte ou violon, et violoncelle ou alto. 453. 10
BEETHOVEN. Op. 1. Trois trios pour piano, violon et violoncelle; ensemble. 317. 18
— No 1, séparé en *mi* bémol. . . . . A. 317. 7 50
— 2, — en *sol*. . . . . B. 317. 7 50
— 3, — en *ut* mineur. . . . . C. 317. 7 50
— Op. 11. Grand, p. piano, clarinette ou violon, et basse. 1120. 9
— 38. — — — — 711. 9
— 44. Variations en trio p. piano, violon et violoncelle. 1600. 7 50
— 70. Deux trios pour piano, violon et basse. 1er livre en *ré*. 862. 9
2e en *mi* b. 881. 9
— 97. Grand trio p. piano, violon et basse, en *si* b. 1256. 9
— Grand trio, tiré de son premier quintetto, en *mi* b. 977. 9
BERTINI (Henri). Op. 33. Nocturne en trio, pour piano, violon et violoncelle. 1644. 7 50
— Op. 48. Grand trio p. piano, violon et violoncelle. 949. 9
— [illegible]0. — — — — 2648. 12

fr. c.

BROD. Op. 11. Deuxième fantaisie en trio pour piano, hautbois et basson. 818. 9
— Op. 24. Cinquième fantaisie en trio pour piano, hautbois et basson. 2403. 9
Nota. Ces deux fantaisies ont une partie de violon ou flûte à défaut de celle de hautbois, et une partie de basse à défaut de celle de basson.
BROVELIO. Nocturne en trio sur l'air *Sul Margine*, pour piano, violon et violoncelle. 7 50
DUSSEK. Op. 65, pour piano, violon et basse. 9
FERDINAND (Le prince). Op. 5, p. piano, violon et basse, en *mi* b. 695. 9
GOODMANN. Trio pour piano, hautbois ou clarinette, et basson. 7 50
HAYDN. Op. 72. Quatuor arrangé en trio pour piano, violon et violoncelle, par Dussek. 7 50
HUMMEL. Op. 12, pour piano, violon et basse en *mi* bémol. 1687. 9
— — — flûte — — 1687. 9
— 22 — violon — 31. 7 50
— — — flûte — 31. 7 50
— 35 — violon — 1141. 7 50
— — — flûte — 1141. 7 50
— 65 — violon — 38. 7 50
— — — flûte — 38. 7 50
— 78. Adagio, variations et rondo pour piano, flûte ou violon et violoncelle. 53. 7 50
— 83 pour piano, violon et basse. 18. 9
— — — flûte — 18. 9
— 93 — violon — 1674. 9
— — — flûte — 1674. 9
— 96 — violon — 89. 9
— — — flûte — 89. 9
JADIN. Trois trios pour piano, violon et basse. 1er livre. 1171. 7 50
2e 7 50
3e 7 50
KALKBRENNER (Fréd.). Op. 26. Troisième, p. piano, violon et basse. 1211. 9
— Op. 85. Quatrième pour piano, violon et basse. 2050. 12
MAYSEDER. Op. 34. Premier, pour piano, violon et basse. 1638. 9
— — — — flûte — 1638. 9
— 41. Deuxième — violon — 1838. 9
MOZART. 12e cahier de la Collection, 4 trios. . . . . L. 12
— 1er, séparé p. piano, violon et basse, en *ut* mineur. L. 6
— 2e, — — — — en *sol*. L. 6
— 3e, — — — ou clarin. et alto, en *mi* b. L. 6
— 4e, — — — et basse, en *si* b. L. 6
ONSLOW (Georges). Op. 3. Trois, pour piano, violon et basse. 1er livre. A. 839. 9
2e B. 839. 9
3e C. 839. 9
— Op. 14. Trois, p. piano, viol. et basse. 1er 1313. 9
2e 1314. 9
3e 1315. 9
— Op. 20. Un, pour piano, violon et basse. . . . 1613. 9
26. — — — — 1664. 9
27. — — — — 1667. 9
PLEYEL (Camille). Op. 1. Trois, pour piano, violon et basse. 1er livre. 1188. 9
2e 1611. 9
PLEYEL (Ignace). Op. 29. — — — flûte et basse. I. 7 50

OUVRAGES POUR LE PIANO.

fr. c.

Philis. Op. 10. Deux, pour piano, violon et guitare. 7 50

Pixis et Bohrer (frères). Premier, p. piano, violon et violoncelle, sur des motifs du Colporteur. 2258. 9

— Deuxième *id.*, sur le Ranz des vaches. . . . 2181. 9

— Troisième *id.*, sur le Garçon suisse. 1987. 9

Pixis. Op. 76. Premier, pour piano, violon et violoncelle. 600. 9

— 86. Deuxième, p. piano, violon ou flûte, et basse. 880. 9

— 95. Quatrième, pour piano, violon et basse. 2156. 9

Rasetti. Op. 13. Premier — — — 1126. 7 50

Ries (Ferd.). Op. 2. Grand — — — 9

* Reissiger. Op. 40. Troisième — — — 12

— 56. Quatrième — — — 2589. 9

Steibelt. Op. 31, pour piano, flûte et basse. 6

Weber (Ch.). Op. 63. — — 1846. 9

Woets (J.-B.). Op. 69. Premier, p. piano, violon et basse. 2151. 9

— 79. Deuxième — — — 2592. 9

DUOS POUR PIANO ET VIOLON.

Adam et Veny. Premier, nocturne. 7 50

Baudiot (Ch.). Op. 24. Thème varié en duo. 346. 9

— 30. Trois duos chantans et progressifs. 1er livre. 450. 7 50

2e 451. 6

3e 452. 9

Beethoven. Variations sur *Je vais revoir l'amant que j'aime*, de Mozart. 1624. 6

— Variations sur un thème de Handel. 1400. 6

— Op. 41. Sérénade avec variations. 1978. 6

— 47. Grand duo, dédié à Kreutzer. . . . 1129. 9

Becquié. Op. 16. Fantaisie et variat. sur Pierre et Catherine. 2577. 9

Bertini (Henri). Op. 41. Polonaise sur des motifs de Robin des Bois. 1700. 7 50

Bertini et Fontaine. Les Saisons, duo brill. 2e livre de duos. 1696. 9

— — Fantaisie et var. sur un air suisse. 3e *id.* 524. 7 50

— — Fantaisie conc. sur Robin des Bois. 4e 1705. 9

— — L'Automne, grand duo. 5e 2148. 9

Bohrer (Ant.). Op. 46. Variations concertantes. . . . 2831. 9

Cramer. Introduction et polonaise. 5

Czerny. Op. 51. Deux duos brillans. 1er livre. 2316. 7 50

2e 2317. 7 50

— Op. 138. Duo concertant sur des motifs du Maçon. 550. 6

Démar (S.). Op. 22. Duo. 6

Dussek. Trois trios de Viotti arrangés en duo. 9

Duvernoy (Fréd.). Fantaisie concertante. 6

Fléché. Op. 19. Fantaisie et variations concertantes. 7 50

Hellmesberger. Op. 6. Variations, introduction et polonaise concertantes. 7 50

Herz (H.) et Lafont. Op. 18. Duo et variations sur *C'est une larme*. 1570. 9

— — Op. 19. Fantaisie et variations sur des thèmes russes. 1704. 9

Hummel. Op. 14. Variations sur Une Folie. 1567. 7 50

— 54. Variations à la Montférine. 87. 7 50

* Hunten (F.). Op. 23. Duo concertant. 7 50

* Karr (H.). Op. 96. Nocturne facile. 4 50

OUVRAGES POUR LE PIANO.

fr. c.

Kalkbrenner (Fréd.). Op. 84. Nocturne. 419. 7 50

— 93. Fantaisie. 1990. 7 50

Kalkbrenner (Fréd.) et Lafont. Op. 97. Grand duo. 2487. 9

Kuhlau. Op. 6. Duettino. 2199. 6

— 33. Grand duo. 2264. 7 50

Lechopié. Op. 19. Mélange. 6

Mayseder. Variations concertantes sur *Di tanti palpiti*. 1614. 6

— Première grande polonaise. 2587. 5

— Op. 19. Cinquième grande polonaise. 1680. 7 50

— 30. Duo concertant. 91. 7 50

— 31. — — 94. 7 50

— 32. — — 99. 7 50

— 35. Divertissemens. 2177. 5

— 36. Rondino. 257. 5

— 37. Grandes variations sur Sémiramis. . . 1671. 6

— 39. Divertissement et variations. 659. 5

— 46. Grand rondo brillant. 2729. 9

Méreaux (A.) et Robberechts. Op. 16. Variations brillantes sur la barcarolle de Fiorella. 2092. 7 50

Michelot (A.) et Meerts. Fantaisie et variations. . . . 2570. 7 50

Onslow (G.). Op. 15. Premier duo contenant le Clair de lune. 1403. 9

— Op. 29. Deuxième — — 68. 9

— 31. Troisième — — 725. 9

Pixis. Variations sur un thème autrichien. 1668. 5

— Op. 32. Variations concert. sur un thème de Mozart. 2593. 5

— Op. 49. Variations sur l'Andante de la symphonie en *la* de Beethoven. 2560. 5

— Op. 63. Introduction et rondo sur un thème favori de Carafa. 1639. 6

— Op. 65. Introduction et variat. sur un thème original. 1641. 7 50

— Op. 74. Divertissement sur des thèmes de l'Alcade de la Véga. 1699. 7 50

*— Op. 105. Thème varié. 7 50

Pixis et Bohm. Op. 38. Variations concertantes. . . . 2197. 7 50

Pixis et S.-Lubin. Op. 42. Introduct. et variations sur la Zelmire. 2178. 7 50

Pleyel (C.) et Reysant (L. de). N° 5. Variations sur un thème allemand. 1252. 7 50

Pleyel (C.) et Baudiot. N° 7. Fantaisie et variations sur l'air du Gentil Housard. 1219. 9

— N° 15. Sérénade. 7 50

— 16. *La danse n'est pas ce que j'aime*, nocturne. 7 50

— 32. Seconde Sérénade. 1673. 7 50

— et Baudiot 41. Souv. de la Flûte enchantée, noct. 497. 7 50

— — 42. — d'Armide et d'Orphée, — 504. 7 50

Pleyel (C.) et Tulou. N° 45. Nocturne. 446. 7 50

Ries (Ferd.). Op. 16. Trois duos. 1er livre. 2650. 7 50

2e 2651. 7 50

3e 2652. 7 50

* Schwencke. Op. 25. Grand duo. 7 50

* — — 27. — 9

Schneitzhoeffer. Air suisse varié, suivi d'un rondo. 2576. 5

— Marches extraites des ballets de Proserpine et des Filets de Vulcain. 2576. 9

Weber (Ch.). Op. 22. Neuf variations sur un air norwégien. 1361. 5

Worzischek. Op. 8. Rondo concertant. 1739. 7 50

— 9. Variations concertantes. 1740. 7 50

DUOS POUR PIANO ET ALTO.

	fr.	c.
BAUDIOT (Ch.). Op. 30. Trois duos chantans et progressifs. 1er livre. 450.	7	50
2e 451.	6	
3e 452.	9	
BEETHOVEN. Op. 17. Sonate concertante. . . . . 411.	7	50
HUMMEL. Op. 5. — — 106.	7	50

DUOS POUR PIANO ET VIOLONCELLE.

	fr.	c.
BAUDIOT (Ch.). Op. 24. Thème varié en duo. . . . . . 346.	9	
— 30. Trois duos chantans et progressifs. 1er livre. 450.	7	50
2e 451.	6	
3e 452.	9	
BEETHOVEN. Variations sur *La vie est un voyage*, de Mozart. 961.	5	
— — *Je vais revoir l'amant que j'aime*, id. 1624.	6	
— — un thème de Handel. . . . . 1400.	6	
BEETHOVEN et BAUDIOT. Op. 47. Grand duo, dédié à Kreutzer. 1129.	9	
BERTINI (Henri). Op. 41. Polonaise concertante sur Robin des Bois. . . . . 1700.	7	50
BOHRER (Max.). Op. 14. Duo concertant. . . . . 2830.	9	
HERDLISKA et PONTET. Air varié concertant.	4	50
HERZ (H.). et BAUDIOT. Op. 18. Duo et variations sur *C'est une larme*. . . . . 1570.	9	
— — Op. 19. Fantaisie et variations sur des thèmes russes. . . . . 1704.	9	
HUMMEL. Op. 54. Variations à la Montférine. . . . . 87.	7	50
HUNTEN (W.). Op. 19. Thème allemand varié. . . . . . 2642.	6	
KALKBRENNER. Op. 93. Nocturne concertant. . . . . . . 1990.	7	50
KALKBRENNER et BAUDIOT. Op. 97. Grand duo. . . . . . 2487.	9	
MAYSEDER et BAUDIOT. Variations concert. sur *Di tanti palpiti*. 1614.	6	
— — Op. 37. — — sur Sémiramis. 1671.	6	
PIXIS et BAUDIOT. Op. 38. Grandes variations. . . . . . 2197.	7	50
PLEYEL (C.) et DE RAYSANT. N° 5. Variations sur un thème allemand. . . . . 1252.	7	50
PLEYEL (C.) et BAUDIOT. N° 7. Fantaisie et variations sur l'air du Gentil Housard. . . . . 1219.	9	
— — N° 8. Nocturne concertant. . . . . . . 1259.	7	50
— N° 32. Deuxième sérénade. . . . . 1673.	7	50
— et BAUDIOT. 41. Souv. de la Flûte enchantée, noct. 497.	7	50
— — 42. — d'Armide et d'Orphée, — 504.	7	50
— N° 45. Nocturne. . . . . 446.	7	50
* SCHWENCKE. Op. 25. Grand duo.	7	50
* — 27. —	9	
WORZISCHEK. Op. 8. Rondo concertant. . . . . 1739.	7	50
— 9. Variations concertantes. . . . . . 1740.	7	50

DUOS POUR PIANO ET FLUTE.

	fr.	c.
ADAM et VÉNY. Premier, nocturne.	7	50
BEETHOVEN. Op. 41. Sérénade avec variations. . . . . . 1978.	6	
CRAMER. Introduction et polonaise.	5	
DRESSLER (R.). Air anglais favori.	3	
— Marche de Moïse. . . . . 262.	3	

	fr.	c.
HERZ (H.) et TULOU. Op. 18. Duo et variations sur *C'est une larme*. . . . . 1570.	9	
— — Op. 19. Fantaisie et variations sur des thèmes russes. . . . . 1704.	9	
HUMMEL. Op. 14. Variations concertantes sur Une Folie. 1567.	6	
— 102. Introduction et variations concertantes. 1776.	6	
KALKBRENNER (F). Op. 63. Grande walse. . . . . . . 1610.	5	
KALKBRENNER et TULOU. Op. 84. Nocturne concertant. . . 419.	7	50
* KUHLAU. Op. 71. Grand duo.	9	
MAYSEDER et MELCHIOR. Variations concertantes sur *Di tanti palpiti*. . . . . 1614.	6	
— — Op. 19. Cinquième polonaise concert. 1680.	7	50
— — 37. Variations sur Sémiramis. 1671.	6	
PLEYEL (C.). Trois divertissemens concertans. 1er livre. 1384.	6	
2e 1385.	6	
3e 1386.	6	
— N° 31. Polonaise sur le duo d'Armide de Rossini. 1642.	6	
— 36. Fantaisie sur un air de la Dame du Lac. 1669.	4	50
PLEYEL (C.) et TULOU. N° 45. Nocturne concertant. 446.	7	50
TULOU. Op. 27. Fantaisie concertante. . . . . 1534.	7	50

DUOS POUR PIANO ET CLARINETTE.

	fr.	c.
WEBER (Ch.). Op. 33. Variations concertantes. . . . . 1234.	5	

DUOS POUR PIANO ET COR.

	fr.	c.
BEETHOVEN. Op. 17. Sonate concertante. . . . . 411.	7	50
DUVERNOY (Fréd.). Fantaisie concertante. . . . . 898.	6	
JACQMIN (F.). Op. 15. Cinquième fantaisie, sur le Colporteur. 2246.	7	50
KALKBRENNER (Fréd.). Op. 93. Nocturne concertant. 1990.	7	50

DUOS POUR PIANO ET BASSON.

	fr.	c.
PLEYEL (C.) et GEBAUER. Variations sur un thème allemand. 1252.	6	

DUOS POUR PIANO ET HAUTBOIS.

	fr.	c.
ADAM et VÉNY. Premier nocturne.	7	50
HUMMEL. Op. 102. Introduction et variations concertantes. 1776.	6	

DUOS POUR PIANO ET GUITARE.

	fr.	c.
CARULLI (F.). Op. 127. Nocturne concertant. . . . . . 1405.	7	50
CARULLI (F. et G.). Fantaisie sur des motifs de Fiorella. 2067.	6	

DUOS POUR PIANO ET HARPE OU DEUX PIANOS.

	fr.	c.
BOCHSA. Fantaisie et variations sur le Mariage de Figaro (harpe et piano ou deux pianos). . . . . 987.	7	50
CHALONNER. Sérénade de Beethoven. . . . . 2462.	6	
DELACOUR (F.). Duo sur des motifs de Mathilde de Sabran. 2597.	9	
DÉMAR (S.). Op. 21. Premier duo.	6	
— 22. Deuxième duo.	6	
DÉSARGUS. Duo concertant sur des motifs du Maçon. . . . 697.	9	
DUMONCHAU. Op. 31. Grand duo. . . . . 834.	7	50
DUSSEK. Op. 36. Duo. . . . . 84.	6	
GATAYES (frères). Duo montagnard. . . . . 2792.	9	

	fr.	c.
Herz (frères). Op. 16. Variations et rondo sur Michel et Christine (harpe et piano ou deux pianos). 605.	12	
Kalkbrenner (Fréd.). Marche. 470.	4	50
— Op. 47. Duo. 1438.	9	
— Le même, avec acc. de violon, flûte et violoncelle. 1438.	12	
Kalkbrenner et Dizi. Op. 82. Grand duo (harpe et piano ou deux pianos). 277.	9	
Mocker (M. et M. Ant.). Op. 30. Variations brillantes. 2491.	9	
Pleyel (Ignace). Op. 28. Premier duo.	6	
— Deuxième duo.	9	
Pleyel (Camille). Op. 4. Duo. 1440.	7	50
Pleyel (Camille) et Dizi. Duo. 1627.	7	50
Steibelt. Op. 32. *Enfant chéri des dames*, varié.	6	

SONATES A QUATRE MAINS.

	fr.	c.
Beethoven. Op. 6. Sonate. 312.	6	
Czerny. Op. 10. Grande sonate brillante. 2325.	12	
— 158. Trois sonatines faciles, doigtées et progressives. 1er livre. 2322.	6	
2e 2323.	6	
3e 2324.	6	
— Op. 178. Grande sonate. 2701.	12	
Dussek. Op. 48. Grande sonate. 694.	7	50
— 67. Trois sonates progressives. 829.	7	50
— Sonate posthume. 1073.	4	50
Farna. Grande sonate. 2459.	12	
Græff (J.-G.). Trois sonates.	7	50
— Op. 16. Une, facile.	5	
Hummel. Op. 92. Grande sonate. 1560.	10	
Kalkbrenner (Fréd.). Op. 79. Grande sonate. 1782.	12	
Kozeluch. Op. 12. Trois sonates. 282.	7	50
— 19. Une sonate. 308.	6	
Mozart. 6e cahier de la Collection, composé de 4 sonates. F.	12	
— 1re sonate en *fa* mineur. F.	4	50
— 2e — *fa* majeur. F.	7	50
— 3e — *ré*. F.	4	50
— 4e — *si* bémol. F.	4	50
— 7e — *ut*. G.	7	50
Onslow (G.). Op. 22. Grande sonate. 1633.	12	
Pleyel (Ignace). Op. 30. Sonate. 7.	6	
— Trois sonates. 1er livre.	7	50
2e 250.	7	50
3e 637.	7	50
— Une sonate. 4e 638.	7	50
Sterkel. Grande sonate.	6	
Tapray. Op. 29. Une sonate.	7	50

PIÈCES DIVERSES A QUATRE MAINS.

	fr.	c.
Bach et Handel. Fugues arrangées à quatre mains, par J. Pleyel.	6	
Beethoven. Première symphonie en *ut* majeur. 2363.	10	
— Deuxième — *ré* — 2401.	10	
— Troisième — héroïque. 2269.	10	
— Quatrième — *si* bémol. 2364.	10	
— Cinquième — *ut* mineur. 2268.	10	
— Sixième — pastorale. 2266.	10	
— Septième — *la* majeur. 2267.	12	
— Huitième — *fa* mineur. 2265.	10	
— Neuvième — *ré* — 2553.	18	
La Collection des 9 symphonies, au lieu de 100 fr.	80	

	fr.	c.
Beethoven. Thème avec variations. 1612.	4	50
— Variations sur un thème du Comte de Waldstein. 1264.	6	
Bertini (Henri). Op. 59. Trois walses. 2425.	3	75
— 73. Variations brillantes. 2631.	7	50
— 77. Rondino. 2644.	5	
— 82. La Soirée. 2772.	3	75
— 83. Six divertissemens faciles. 2778.	6	
Boëly. Op. 4. Duo facile. 1380.	7	50
Czerny (Ch.). Op. 11. Rondo brillant. 491.	6	
— 20. Variations brillantes sur la marche de la Dame du Lac. 1662.	7	50
— 43. Rondo brillant sur une cavatine de Carafa. 728.	7	50
— 67. Variations concertantes sur la marche de Barbe-Bleue. 2404.	9	
— 111. *Premier Décaméron musical, composé de morceaux brillans et amusans :*		
1er cahier. Première polonaise. 2133.	4	50
2e — Walses. 2134.	3	75
3e — Prière de Moïse. 2135.	3	75
4e — Fantaisie sur un motif de Raimondi. 2136.	5	
5e — Variations sur un air napolitain. 2137.	7	50
6e — — sur un thème favori du Freyschutz. 2138.	6	
7e — Fantaisie sur plus. motifs de Mozart. 2139.	9	
8e — Caprice sur le duo du Maçon, *Allons encore*. 2140.	6	
9e — Six romances. 2141.	5	
10e — Rondo. 2142.	6	
— Op. 132. Variations brillantes sur le duo du Maçon, *Dépêchons*. 510.	7	50
— 176. *Deuxième Décaméron musical, composé de morceaux brillans et amusans :*		
1er cahier. Variations sur *Vien qua Dorina*. 2635.	5	
2e — Divertissement sur Adélaïde, de Beethoven. 2668.	5	
— Rondoletto. 2669.	6	
4e — Variations sur un thème allemand. 2670.	5	
5e — Romance. 2671.	4	50
6e — Rondoletto sur le duo de Don Juan. 2672.	6	
7e — Variations sur un thème de Hummel. 2673.	7	50
8e — Fantaisie. 2674.	7	50
9e — Scherzo. 2675.	6	
10e — Thème pastoral varié. 2676.	6	
Cramer. Op. 69. Rondo arrangé à quatre mains par Watts.	6	
Diabelli. Polonaise de Faust. 2481.	4	50
Dussek. Op. 32. Grand duo. 773.	6	
Farna (A.). Canzonnette moldave, variée. 2463.	6	
Fontvanne. Trois marches.	4	50
Herz (J.). Op. 8. Variations sur un thème français favori. 1518.	7	50
* Herz (H.). Le Joujou, variations brillantes et faciles.	6	
*— Op. 15. Premier divertissement.	7	50
Hummel. Premier divertissement, arrangé à 4 mains par Hoffmann. 744.	4	50
— Op. 51. Divertissement. 34.	7	50
— Sérénade brillante. 1643.	6	
— Op. 99. Nocturne (avec acc. de 2 cors, *ad libitum*). 108.	9	

fr. c.
KALKBRENNER (Fréd.). Op. 40. Marche. 1331. 3
— Op. 94. Variations brill. sur la marche de Moïse. 1994. 7 50
— 95. — sur l'air favori du Comte Ory. 2362. 7 50
— 100. Les Soirées de Saint-Cloud, trois bacchanales. (avec acc. de harpe, triangle et castagn., *ad lib.*) 2574. 10
— Walse. 1532. 2 50
KALE (Henri). Op. 196. Mélange sur des motifs de Fiorella. 2034. 6
— Op. 209. Nocturne sur la ronde du Colporteur. 2226. 4 50
— 211. Mélange sur des motifs du Colporteur. 2244. 5
*KUHLAU. Op. 70. Trois rondeaux en trois livraisons. Chaque. 4 50
LATOUR. Premier duo sur *O dolce concento*. 1381. 4 50
— Deuxième duo sur un hymne allemand. 1393. 4 50
MAYSEDER. Op. 46. Grand rondeau. 2790. 9
MOZART. Six quintetti, arrangés à quatre mains par Stegmann.
1er livre. . . . 7 50
2e 2052. 7 50
3e 7 50
4e 7 50
5e 7 50
6e 7 50
La collection des six, au lieu de 45 fr. 36
— Deuxième fantaisie. . . . . G. 6
— Thème varié. . . . . G. 5
ONSLOW (G.). Op. 7. Grand duo. 1004. 9
— Quatrième quintetto, arr. à 4 mains par Mockwitz. 2633. 9
— Dixième — — — — — 2667. 12
PIXIS. Six walses. 2149. 5
— Douze walses. 1656. 5
— Grande marche funèbre. 4 50
— Op. 112. Variations brill. sur un thème original. 2774. 7 50
RIES (Ferd.). Variations sur *Di tanti palpiti*. 1501. 6
SCHUNCKE (Ch.). Op. 1. Rondeau brillant. 6
WEBER (Ch.). Op. 65. L'Invitation à la walse, rondo. 2824. 6

SONATES POUR LE PIANO,

AVEC ET SANS ACCOMPAGNEMENS.

ADAM (L.). Op. 8. Trois, 1er livre, en *mi* bémol. . . . A 374. 7 50
2e — *ut*. . . . . B. 374. 7 50
3e — *fa* mineur. . . C. 374. 7 50
— Op. 9. Grande, en *si* majeur. 826. 7 50
— 10. — dans le style dramatiq., en *ré* min. 853. 7 50
— 13. — en *si* bémol. 1197. 7 50
AMON. Op. 11. Trois, avec accompagnement de violon. 9
BEETHOVEN. Op. 2. Trois, dédiées à Haydn. 117. 12
— 5. Deux, avec violoncelle obligé. 118. 10
— 7. Une grande, en *mi* bémol. 1275. 6
— 10. Trois grandes. 427. 10
— 12. — — avec accomp. de violon. 353. 12
— 13. Grande, pathétique. 1274. 6
— 14. Deux sonates. 431. 7 50
— 17. Une, soit avec violon, alto, violoncelle, ou cor. 411. 7 50
— 22. Une grande. 1254. 7 50
— 23. Deux, avec accompagnement de violon. 487. 9

fr. c.
BEETHOVEN. Op. 26. Une grande, avec marche funèbre. . . 1125. 6
— 27. Deux quasi-fantaisies. 1er livre. . . . 1490. 6
2e 1554. 6
— 28. Une grande. 1657. 6
— 30. Trois, avec violon obligé, dédiées à l'empereur de Russie. 1er livre. 699. 6
2e 700. 6
3e 701. 6
— 31. Deux. 1553. 9
— 54. Une. 601. 6
— 56. — 1650. 7 50
— 57. — grande. 709. 7 50
— 58. — — 606. 7 50
— 59. — — avec violoncelle obligé. . . 1065. 7 50
— 64. — — — — tirée de son grand trio. 1124. 9
— 81. — intitulée les Adieux. 1140. 6
— 90. — grande. 2406. 6
— 96. — — 1257. 7 50
BOMTEMPO. Op. 5. — — 6
CLEMENTI. Op. 21. Trois, avec acc. de flûte ou violon et violoncelle (*ad libitum*.). 1147. 9
— Op. 22. — — — — — 1079. 9
— 33. Trois grandes. 227. 9
— 35. — avec acc. de violon et violoncelle. . . . 9
— 36. Une. 4 50
— 38. Deux. 9
— 39. Six sonatines. 186. 9
— 41. Trois grandes. 205. 9
— 42. — — 522. 9
— 43. Deux. 652. 6
— Trois, tirées des duos de Viotti, arrangées avec violon et violoncelle. 9
CRAMER. Op. 8. Deux. 7 50
— 11. Trois, avec violon et violoncelle. 10
— 12. — — — — 10
— 18. — — — — 10
— 23. Une. 1142. 5
— 36. — 778. 6
— 42. — 6
— *Amicitia*, sonate avec accompagn. de flûte ou violon. (*ad libitum*.). 1104. 7 50
— Une sonatine. — — — — 824. 4 50
CARULLI (Gustave). Op. 4. Six sonatines, à l'usage des commençans. 2096. 7 50
CZERNY (Ch.). Op. 104. Trois sonatines, avec acc. de violon et violoncelle (*ad libitum*). 1er livre. 2318. 6
2e 2319. 6
3e 2320. 6
DÉSORMÉRY. Op. 5. Trois, avec acc. de violon. 9
— 6. — — — 9
DIABELLI. Op. 92. Une grande avec violon ou violoncelle obligé. 9
DUMONCHAU. Op. 13. Sonatines. 7 50
— 23. Trois, avec acc. de violon. 693. 9
— 24. — — — 9
*— 26. — — — 12
— 32. — — — (*ad libitum*). . . 9
— 34. Une, avec violon et violonc. — . . . 7 50
— 40. Trois, — — — . . . 12

fr. c.

Dussek. Op. 9. Trois, avec accompagnement de violon. 1622. 10
— 10. — — — — 814. 10
— 12. — — — — 2544. 9
— 16. — — — — 2175. 9
— 24. Trois, avec violon et violoncelle (*ad libit.*). 1148. 10
— 25. — avec violon ou flûte. 817. 9
— 31. — avec 3 préludes, acc. de flûte ou violon et violoncelle. 10
— 35. — grandes. 64. 10
— 39. — 284. 9
— 43. Une. 326. 6
— 44. — intitulée les Adieux. 333. 7 50
— 45. Trois grandes. 426. 10
— 46. Six faciles. 437. 9
— 61. Une, intitulée Élégie sur la mort du prince Ferdinand. 6
— 64. Une, intitulée le Retour à Paris. 788. 7 50
— 65. — avec acc. de flûte et violoncelle. 7 50
Eler. Op. 8. Trois, avec acc. de violon et violoncelle. 9
Ferrari. Op. 14. Douze sonatines. 6
Fléché. Op. 25. Une, avec acc. de violon. 7 50
Gelineck. Op. 5. — 6
Genoyer. Quatre sonatines faciles. 6
Gyrowetz. Op. 24. Trois, avec acc. de flûte et violoncelle. 12
— 26. — — — — — 12
Haigh. Op. 3. — — — 81. 9
Haydn (J.). Collection de ses sonates en six livraisons.
1re livraison. A. B. C. 25
2e D. E. F. 25
3e G. H. I. 25
4e J. K. L. M. 25
5e N. O. P. 25
6e Q. R. S. 25
Les six livraisons ensemble, au lieu de 150 fr. 120

Œuvres détachées de cette Collection.

Op. 13. Six sonates. K. 9
17 ou 30. Six, avec acc. de violon. A. 10
18. Six, — — E. 10
27. Trois, — — et violoncelle. H. 9
41. Deux, avec menuet, variations et caprice. R. 9
42. Quatre. J. 7 50
45. Trois, avec acc. de violon et violoncelle. C. 9
51. Une, intitulée les Sept Paroles. S. 7 50
53. Trois, avec acc. de violon. O. 9
54. — — — — B. 9
56. — — — — et violoncelle. G. 10
61. — — — — — — — F. 10
73. — — — — — — — P. 10
79. — — — — — — — D. 10
86. — — — — — — — N. 10
87. — — — — — — — I. 10
89. Une. 507. 5
93. Trois, avec acc. de violon et de violoncelle. 10
Dernière, composée pour madame la maréchale Moreau. 1548. 6
Hérold (Ferd.). Op. 11. Trois, sur des quintetti de Boccherini. 10

fr. c.

Hummel. Une sonate, avec violon ou flûte obligée. 1322. 6
— Op. 5. Une, avec violon ou alto obligé. 106. 6
— 13. — grande, à Haydn. 92. 6
— 20. — — 93. 6
— 38. — — 30. 7 50
— 50. — avec acc. de flûte ou violon. 1549. 7 50
— 64. — avec flûte ou violon obligé. 107. 7 50
— 81. — 80. 7 50
— 92. — grande. 78. 7 50
— 104. — — avec violoncelle obligé. 794. 7 50
— 106. — — et brillante. 1734. 7 50
Jadin (L.). Trois, avec violon obligé et violoncelle (*ad libitum.*).
1er livre. 6
2e 6
3e 6
— Trois, avec violon et violoncelle (*ad libitum.*). Lettre A. 6
B. 6
C. 6
Kalkbrenner (Fréd.). Op. 28. Une grande, avec flûte ou violon et violoncelle (*ad libitum.*). 1228. 7 50
— Op. 39. Une grande. 1324. 7 50
— 48. — — 1439. 7 50
— 56. — — à la mémoire de Haydn. 1541. 7 50
Kozeluck. Op. 40. Trois, avec acc. de violon et violoncelle. 9
— 41. — — — — 9
— 44. — — — — 479. 9
Krufft. Une grande. 7 50
Kuhlau. Op. 6. Une, avec violon. 2199. 6
Mayseder. Op. 13. Grande, avec violon obligé. 1649. 7 50
— — — avec flûte — 1649. 7 50
— 42. — avec violon — 2596. 9
Mozart. Collection complète de ses œuvres, en 13 livraisons.
1er cahier, contenant sept sonates, piano seul. A. 12
2e — — douze thèmes var., — B. 12
3e — — sept sonates, — C. 12
4e — — six — avec violon. D. 12
5e — — quatorze pièces, piano seul. E. 12
6e — — quatre sonates à quatre mains. F. 12
7e — — six pièces — — G. 12
8e — — cinq sonates — — H. 12
9e — — quatre — avec violon et violoncelle. I. 12
10e — — trois quatuors. J. 12
11e — — six sonates avec violon. K. 12
12e — — quatre trios. L. 12
13e — — pièces diverses avec violon. M. 12
Les 13 livraisons ensemble, au lieu de 156 fr. 120

Œuvres détachées de Mozart.

Op. 2. Six sonates, avec flûte ou violon et violoncelle.
1er livre. 202. 12
2e 214. 12
3. Deux sonates, avec fugue et fantaisie. 9
6. Trois — 9
60. Deux — avec violon et violoncelle. 9
Trois sonatines faciles. 1er livre. 653. 6
2e 6
Dernière grande sonate, avec violon et violoncelle obligés, par I. Pleyel. 20. 6

fr. c.

MULLER. Op. 38. Grande sonate, avec flûte obligée. 7 50

NICOLAÏ. Op. 11. Six, faciles, avec acc. de violon (*ad libit.*). 851. 9

ONSLOW (G.). Op. 2. Une grande. 787. 7 50
— 11. Trois, avec violon obligé. 1er livre. 1175. 7 50
— 2e 1176. 7 50
3e 1177. 7 50
— 16. Trois grandes, avec violoncelle obligé. 1er livre. 1520. 9
2e 1521. 9
3e 1522. 9

PIXIS. Op. 24. Une grande, avec violon obligé. 1619. 9

PLEYEL (Ignace). Trois, extraites des quintetti de Boccherini, avec violon et violoncelle. 1er livre. 115. 10
2e 6
— Op. 11. Deux, avec acc. de violon. 166. 6
— 14. Six, avec flûte ou violon et violoncelle, dédiées à la reine d'Angleterre. 1er livre. . . . 143. 10
2e . . . 144. 10
— 21. Trois, avec violon et violoncelle. 615. 12
— 23. — — — — 12
— 24. — — — — 10
— 27. Six sonatines progressives, avec violon. 54. 9
— Six sonatines progressives avec violon, faisant suite à l'œuvre 27. . . . . 133. 12
— Les mêmes, divisées en deux livraisons. 133. Chaque. 7 50
— Op. 30. Deux, avec violon et violoncelle. 6. 7 50
— 31. Trois, — — — 9 *bis*. 12
— 32. — — — — — 72. 12
— 33. — — — — — 130. 12
— 35. — — — —par Steibelt. 537. 12

PLEYEL (Camille). Op. 2. Une, avec violon obligé. . . . 1260. 9
— 6. — avec violoncelle obligé. 1543. 7 50

PRADHER. Op. 3. Une grande, avec violon obligé. 7 50

RIES (Ferd.). Op. 20. Une, avec violoncelle obligé. . . 1273. 7 50
— 21. — — — 1330. 7 50
— 87. Une, avec flûte obligée. 7 50
— Grande sonate, tirée du septuor de Beethoven. . . . 7 50

SCHWENCKE. Op. 23. Une, avec violon obligé. 138. 7 50

STEIBELT. Op. 35. Trois, avec violon (*ad libitum*). 10
— 36. Une, pour deux pianos. 7 50
— 37. Trois, avec violon (*ad libitum*). . . . 266. 10
— 39. — avec flûte ou violon. 10
— 41 ou 45. Trois, progressives.. 6
— 42. Trois, avec violon. 382. 9
— 49. Six sonatines progressives. 1242. 9
— 60. Une grande. 7 50
— 73. Trois, avec flûte obligée. 793. 9
— — — avec flûte ou violon obligé. 9
— 82. Une grande, martiale. 846. 6
— 85. — — — 7 50

TOMICH. Op. 13. Trois, avec violon. 9

WEBER (Ch.). Op. 10. Six sonatines, avec violon. 1er livre. 2104. 6
2e 2105. 6

VIGUERIE. Op. 12. Six sonatines, avec violon (*ad libitum*). 2484. 9

fr. c.

WOELFL. Grande sonate, précédée d'une introduction et d'une fugue. 1130. 7 50
— Op. 15. Trois sonates 9
— 41. — — intitulées *Non plus ultrà*. 777. 7 50

WEISKOPFF (E.). Op. 4. Trois, avec violon et basse. 9

ÉTUDES, EXERCICES, PRÉLUDES, FUGUES, etc.

BACH et HANDEL. Fugues arrangées à 4 mains, par Ign. Pleyel. 6

BEETHOVEN (L.). Op. 39. Deux préludes dans les 12 tons majeurs. 3

BERTINI (Henri). Op. 84. Rudiment du pianiste, ou réunion des exercices les plus indispensables pour acquérir un mécanisme parfait. 1re partie. 2793. 15
2e 2793. 9
— Les deux parties réunies. 2793. 20

BIGOT (P.). Op. 5. Études dédiées à Mlle Davin. 2599. 9

BOELY (A.-P.-F.). Op. 6. Trente études, dédiées à M. Fréd. Kalkbrenner. 2779. 18

CLEMENTI (M.). Étude journalière de gammes dans tous les tons majeurs et mineurs. 2066. 4 50

CRAMER (J.-B.). Études en quarante-deux exercices de différens tons. 1135, 1136. 18
— Vingt-cinq nouveaux exercices, composés expressément pour servir d'introduction aux 84 déjà publiés. 577. 12
— Exercices préparatoires, composés dans l'intention de servir d'acheminement aux études de Clementi, Cramer, Woelf, etc. 1845. 7 50
— L'Utile Délassement, ou choix de petits exercices agréables. N° 1. . . . . 1193. A. 5
2. . . . . 1193. B. 5
3. . . . . 1193. C. 5

CZERNY (Ch.). Op. 161. Quarante-huit études en forme de préludes et cadences, dans tous les tons majeurs et mineurs. 2687. 12
*— L'Art d'improviser. 24

DUCHAMBGE (P.). Trois études et un caprice. 5

DUSSEK (J.-L.). Douze leçons progressives, dans lesquelles se trouvent introduits des airs de différentes nations. 14. 12

FIELD (John). Exercices. 2 50
— — modulés dans tous les tons majeurs et mineurs. 1266. 3

FÉTIS (F.-J.). Traité de l'accompagnement sur le piano ou l'orgue. 2193. 12

FLÉCHÉ (J.-E.). Études. 1er livre. 4 50

* HERZ (Henri). Collection d'exercices à l'usage des élèves qui désirent faire des progrès. 7 50

KALKBRENNER (Fréd.). Op. 88. Vingt-quatre préludes dans tous les tons majeurs et mineurs, pouvant servir d'exemple pour apprendre à préluder. 666, 667. 18

KOHLER (Henri). Op. 146. Vingt-quatre préludes faciles et progressifs dans tous les tons majeurs et mineurs. 156. 6

KRUFFT (Nicolas). Vingt-quatre préludes et fugues dans les douze tons des modes majeurs et mineurs. 24

MOZART. Instruction pour composer autant de walses que l'on veut par le moyen de deux dés, sans connaître la musique. 471. 3 50

REICHA (Ant.). Six fugues. 979. 7 50

fr. c.

RODOLPHE (auteur du solfége). Études modulées, soigneusement revues, classées et doigtées par MM. Désormery, Hérold et C. Pleyel (œuvres posthumes). 12

TROESTLER (B.). Traité d'harmonie et de modulation selon les six mouvemens de la basse. 15

MÉLANGES.

ANONYMES. Souvenirs agréables sur des airs de Dalayrac. 945. 6
— Menuets et rondos de différens auteurs. 6
— Airs de différens auteurs choisis et variés. . . . 543. 6
— Le Délassement de la jeunesse, petits airs doigtés. 960. 5
— Trois airs russes variés. 2321. 3 75
— Bataille de Prague, avec acc. de violon et basse. 329. 5

C... DE L... Près du Jourdain, romance variée. 4 50

C. P***. Variations brillantes sur un thème de Meyerbeer. 894. 6

ADAM (Adolphe). Op. 17. Le Voyage en Suisse, fantaisie avec variations. 896. 6
— Op. 34. Rondoletto sur Pierre et Catherine. . . 2625. 5
— 35. L'Espagnole, fantaisie avec variations. 2632. 6

* BEETHOVEN. Variations sur une danse russe. 4 50
*— — sur le quatuor du Sacrifice interrompu. 5
*— — sur le thème *Quant' è più bello*. . . . 3 75
— Rondo non difficile, en *sol*. 957. 5
— — facile, en *ut*. 3
— Huit variations sur la romance de Richard, *Une fièvre brûlante*. 958. 5
— Six variations sur *Nel cor più*. 1217. 3 75
— Huit — sur un thème allemand. 1418. 4 50
— Quatre walses, arrangées par W. Hunten. . . 2710. 3
— Op. 36. Trente-deux variations. 1276. 6
— 41. Sérénade, avec acc. de violon ou flûte. 1978. 6
— 44. Quatorze variations, avec acc. de violon et violoncelle. 1600. 7 50
— 77. Fantaisie. 1100. 5

BECQUIÉ (M.-E.). Op. 8. Variations sur la romance de madame Duchambge, *Il m'attend*. 2704. 5
— Op. 17. Rondoletto. 2695. 5

BERTINI (A.). Op. 3. Fantaisie avec variations sur la romance d'Une Folie. 5
— Op. 10. Fantaisie sur les airs de Gulnare. 5

BERTINI (Henri). Rondoletto. 873. 4 50
— Variations sur une walse autrichienne facile. 356. 4 50
— Polacca facile. 950. 4 50
*— Op. 26. Rondo. 6
— 33. Nocturne, avec violon et violoncelle. 1644. 7 50
— 37. Rondo brillant. 1688. 7 50
— 60. Deux petits rondos. 2328. 4 50
— 61. Variations brillantes. 2168. 5
— 62. Le Calme, andante. 2169. 3 75
— 63. Rondoletto brillant. 2167. 5
— 64. Variations sur un thème original. . . 2329. 4 50
— 65. Divertissement. 2330. 4 50
— 68. Variations brill. sur un thème original. 2374. 5
— 69. Variations de concert, avec acc. de quat. 2505. 9
— 72. Divertissement. 2645. 5
— 78. Variations brillantes. 2773. 5
— 81. Trois rondos, la contredanse, la ronde et la polonaise. 2771. 5

fr. c.

BOMTEMPO. Op. 4. Fandango varié. 4 50

BORGHÈSE. Variations sur le boléro de madame Gail. 4 50

BOUCOT (Sylvie). Première fantaisie. 5

CARULLI (Gustave). Suite de son œuv. 4, six petites pièces. 2099. 6
— Op. 5. Rondo brillant. 2100. 6
— 6. Trois morceaux (*cantabili*). 2469. 5

CHAULIEU. Op. 46. Fantaisie brill. sur des motifs de Fiorella. 449. 6
— 55. Caprice brill. sur des mot. du Colporteur. 2249. 4 50
— 70. Rondo polacca. 2405. 6
— 76. Rondoletto brillant, sur deux motifs de Pierre et Catherine. 2612. 6
— 95. La Brigantine, ballade de madame Duchambge. 2711. 5

CRAMER. Nouvelle toccata. 4 50
— Rondo, en *si* bémol. 3 75
— — pastoral, en *ut*. 3 75
— Thème, avec huit variations. 1137. 6
— Air saxon. 1128. 5
— Rondo sur un air favori irlandais. 4 50
— Le Rendez-Vous de chasse, divertissement. . . 1169. 4 50
— Le Songe de J.-J. Rousseau. 1220. 3 75
— Introduction et polonaise, avec violon ou flûte. . . . 5
— L'Été, divertissement. 1426. 4 50
— Le Petit Rien. 1397. 3
— Mélange sur les airs favoris du Crociato. . . . 1821. 5
— Impromptu sur Giovinetto, du — 39. 4 50
— Caprice sur un thème de Saliéri. 116. 6
— L'Utile Délassement, collection de pièces progressives et doigtées. 1er livre. . . . . A. 1193. 5
2e . . . . B. 1193. 5
3e . . . . C. 1193. 5
— Walse anglaise. 2718. 3
— Op. 68. Temps heureux, petite fantaisie. . . . 684. 4 50
— 72. Rondo brillant. 5

CZERNY (Ch.). La Chasse, rondo brillant. 737. 6
— Op. 9. Variations brill. sur un thème favori allemand. 5
— 14. — — sur une walse autrichienne. 1675. 6
— 22. Rondino sur la cavatine de Zelmire de Rossini. 1663. 6
— 36. Impromptu et variations sur un air du ballet d'Arsène. 1783. 5
— 41. Cinquième rondino sur un motif de Beethoven. 60. 6
— 52. Variations brill. sur l'opéra des Fées. 2343. 5
— 58. *Leggerezza e Bravura*, rondo brillant. 1767. 6
— 64. Grande fantaisie sur un thème de Beethoven. 520. 6
— 77. Variations sur *God save the king*. 7 50
— 96. Huitième rondino sur un thème original. . . . 7 50
— 98. Dixième — sur un motif de Mozart. . . 6
*— 107. Rondo brillant dans le style français. 7 50
*— 108. Caprice. 6
— 110. *Premier Décaméron musical, composé de morceaux brillans et amusans:*
— 1er cahier. Rondoletto. 2123. 4 50
— 2e — Thème varié. 2124. 4 50
— 3e — Quatorze walses. 2125. 4 50
— 4e — Bagatelles, impromptus et morceaux détachés. 2126. 4 50

fr. c.

Czerny (Ch.). 5e cahier. Fantaisie sur des motifs de *la Preciosa*. 2127. 5
— 6e cahier. Le Départ du Croisé, impromptu martial. 2128. 5
— 7e — *Capriccio*. 2129. 4 50
— 8e — Trois polonaises. 2130. 4 50
— 9e — *Toccatina*. 2131. 4 50
— 10e — Rondo brillant. 2132. 5
— Op. 127. Treizième rondino sur un motif du Maçon. 459. 5
— 158. Trois pièces instructives et doigtées. 1er livre. 2465. 5
2e 2466. 5
3e 2467. 5
— 160. Grandes variations et polonaise sur la cavatine du *Pirata*. 2427. 9
— 175. *Second Décaméron musical, composé de morceaux brillans et amusans:*
— 1er cahier. Rondoletto. 2677. 5
— 2e — Rondo-walse. 2678. 5
— 3e — Fantaisie et rondo sur Adélaïde, de Beethoven. 2679. 5
— 4e — Impromptu sur un thème russe. 2680. 4 50
— 5e — Polonaise. 2681. 4 50
— 6e — Variations sur une écossaise, de Beethoven. 2682. 4 50
— 7e — Neuf romances. 2683. 6
— 8e — Caprice. 2684. 5
— 9e — Rondo. 2685. 5
— 10e — Esquisse romanesque. 2686. 5
— Op. 213. Andante et rondo. 2728 *bis*. 7 50
— — — — avec quatuor. 2728. 9
— — — — avec orchestre. 2728. 12

Désormery (J.-B.-L.). Rondo. 2176. 4 50
— Recueil de divers morceaux extraits d'opéras. 2500. 5

Duchambge (P.). Deux nocturnes. 43. 3 75

Dumonchau. Air favori de l'abbé Vogler, varié. 4 50
— Op. 41. Six thèmes variés. 1er livre. 6
2e 6

Dussek. Trois airs variés. 4 50
— Pièce funèbre sur la mort de Marie-Antoinette. 4 50
— La Chasse. 3
— Ma Barque légère, rondo. 1648. 4 50
— La Matinée, rondo favori. 1996. 3 75
— L'Adieu, andante. 2532. 3 75
— Douze leçons. 14. 12
— Rondos, air varié et une walse. 250 *bis*. 6
— Rondo, extrait du 5e concerto. 3 75
— — — 6e — 4 50
— Op. 6. Petits airs connus, variés. 2533. 7 50
— 17. Rondo, extrait du Retour à Paris. 4 50
— 61. Élégie harmonique sur la mort du prince Ferdinand. 784. 6
— 62. La Consolation, andante. 785. 4 50

Duvernoy (Fréd.). Fantaisie, avec cor ou violon. 898. 6

Duvernoy (J.-B.). Récréations musicales, contenant un choix de morceaux très faciles, doigtés et progressifs. 1er livre. 121. A. 5
2e 121. B. 5

fr. c.

Duvernoy (J.-B.). Variations sur un thème de Himmel. 5
— Op. 6. Mélange sur des motifs du Maçon. 413. 6
— 7. Rondino sur des motifs d'opéra français. 4 50
— 12. Variations sur l'air écossais de la Dame Blanche. 1893. 4 50
*— 13. Petite fantaisie facile. 3 75
*— 14. Caprice brillant et facile. 4 50
*— 16. Rondo sur un motif du *Crociato*. 3 75
*— 18. Mélange sur un motif de Mahomet. 4 50
*— 19. Deux petites fantaisies. 4 50
— 33. Variations sur un thème favori de *Mercadante*. 2630. 5
— 34. Deux airs suisses variés. 1er livre. A. 2569. 2 50
2e B. 2569. 2 50
— 36. Rondoletto sur un thème de Carafa. 2580. 3
— 38. Fantaisie brillante sur la Dernière Pensée de Weber. 2708. 5
— 41. Fantaisie sur la walse du comte de Galenberg. 2780. 5
— 43. Souvenirs de la Suisse, trois airs variés. 1er livre. 2797. 3 75
2e 2798. 3 75
3e 2799. 3 75

Fageau (Théod.). Fantaisie avec variations, sur l'air *Amis, enfin voici le jour*. 6

Fanna. Variations non difficiles sur un thème de Rossini. 2717. 4 50

Farrenc. Op. 10. Variations brill. sur des motifs du Colporteur. 5

Field (John). Premier rondo, en *mi* bémol. 1689. 5
— Premier nocturne. 417. 2
— Deuxième — 3
— Troisième — 3
— Quatrième — 3 75
— Cinquième — 2
— Sixième — 3
— Septième — 2 50
— Huitième — 2
— Neuvième — 508. 2 50
— Dixième — 2

Fléché (J.-E.). Op. 12. Air russe varié. 4 50
— 16. Deux airs villageois variés. 4 50

Franchi. Variations sur *Nel cor più*. 4 50

Gelineck. — sur l'air des Tyroliens. 879. 4 50
— Onze variations sur la walse de la reine de Prusse. 1131. 4 50
— Dix — — — de Hummel. 1132. 5
— Douze — sur un air d'Alcine. 5
— — — sur le trio de l'opéra *Amor Marinaro*. 5
— Huit — sur le menuet de *le Nozze disturbate*. 3 75
— Variations sur la marche et le chœur de Robin des Bois. 1736. 6
— — sur la walse favorite de Robin des Bois. 1735. 4 50
— Dix variations sur le duo de Don Juan. 1239. 3 75
— Op. 4. Variations sur le cor de poste. 1455. 3 75
— 8. Air varié. 4 50
— 15. Dix variations sur la gavotte d'Armide. 1290. 4 50
— 16. Variations sur *O mon cher Augustin*. 4 50
— 17. — sur *Nel cor più*. 1359. 3 75
— 43. — sur *Je t'aime comme tu m'aimes*. 1358. 3 75

fr. c.

GELINECK, Op. 59. Dix variations sur la Famille Suisse. 1291. 3 75

— 60. Sept — pastorales sur la Famille suisse. 1292. 3 75

— 82. Variations sur un air martial. 1199. 4 50

— 83. — sur un air russe. 4 50

— 84. — sur la romance de Nina. 4 50

— 85. — sur le quadrille favori d'Alexandre. 4 50

— 86. — sur la danse de la Tempête. 4 50

— 91. — sur un mazouri. 4 50

— 92. — sur la romance à trois notes de J.-J. Rousseau. 1311. 4 50

— 93. — sur une walse favorite. 1302. 3 75

— 96. — sur *Di tanti palpiti*. 1312. 5

GRÆFF. Bagatelle. 3

HAYDN. Le menuet du bœuf. 2

— Op. 57. Fantaisie ou caprice. M. 4 50

— 61. — — R. 4 50

— 91. — — L. 4 50

HÉROLD (Ferd.). Premier pot-pourri. 299. 5

HÉRAULT (Mme P.). Introduction et thème varié. 2665. 3 75

— Op. 18. Trois amusemens. 2370. 5

— 19. Air italien varié. 2530. 5

HERZ (H.). Op. 1. Variations précédées d'une introduction. 2e édition, revue et augmentée par l'auteur. 1368. 6

— Op. 31. Variations précédées d'une introduction, sur un air saxon. 316. 7 50

HERZ (J.). Op. 3. Variations précédées d'une introduction, sur un air allemand. 1230. 6

— Op. 4. Variations sur un air allemand. 1279. 7 50

HUMMEL. Op. 8. Variations sur une chanson nationale autrichienne. 772. 5

— 11. Rondo. 1514. 3 75

— 14. Variations sur la romance d'Une Folie, avec flûte ou violon. 1567. 6

— 15. Variations sur l'air des Deux Savoyards. 1594. 6

— 18. Grande fantaisie. 1121. 7 50

— 19. Introduction et rondo. 110. 5

— 21. Variations sur une chanson hollandaise. 974. 5

— 34. — sur un thème de Mozart. 1605. 5

— 55. La *Bella Capriciosa*, polonaise. 1590. 6

— 56. Rondo brillant. 1492. 6

— — — avec orchestre. 1492. 10

— 57. Variations sur un thème d'Armide. 1205. 4 50

— 70. Six polonaises. 32. 5

— 75. Rondoletto. 1604. 4 50

— 78. Variations sur un thème russe, avec flûte ou violon et violoncelle. 53. 7 50

— 98. Rondo brillant sur un thème russe. 1752. 7 50

— 102. Introduction et variat. av. flûte ou hautb. 1776. 6

— 103. Trois rondeaux-walses. 58. 7 50

— 107. Deux bagatelles. 1er livre. 162. 6

2e 163. 6

HUNTEN (W.). Quatre walses célèbres de Beethoven. 2710. 3

— Six mélodies favorites arrangées en rondos.

1er cahier. *Ombra adorata*. 2720. 3 75

2e — *Una voce poco fa*. 2721. 3 75

3e — *Cara deh attendimi*. 2722. 3 75

4e — *Kelvin Grove*. 2723. 3 75

fr. c.

HUNTEN (W.). Suite des six mélodies :

5e cahier. *Fra quai Soavi*. 2724. 3 75

6e — *Celeste man placata*. 2725. 3 75

— Variations avec une nouvelle introduction sur l'œuv. 44 de Mayseder. 2808. 4 50

— Divertissement, arrangé d'après l'œuv. 35 de Mayseder. 2809. 4 50

— Op. 18. Air suisse varié. 2643. 4 50

— 22. Variations brillantes sur la cavatine d'*Anna Bolena, Come innocente Giovane*. 2820. 5

— 24. Rondo brillant sur la cavatine d'*Anna Bolena, Al dolce guidami*. 2821. 4 50

— 30. Rondo brill. sur un motif fav. de *la Straniera*. 2869. 5

HUNTEN (F.). Op. 56. Trois airs gracieux variés.

No 1. *Air allemand*. Le Désir, de Beethoven. 2864. 5

2. — *italien* de l'opéra *Montecchi e Capuleti*. 2865. 5

3. — *français*. Thème favori d'Auber. 2866. 5

JADIN (L.). Nouvelle tyrolienne. 4 50

— Rondo, précédé d'une introduction. 4 50

— Nocturne, en *mi* bémol. 4 50

— Fantaisie brillante sur des thèmes français, allemands, espagnols, vénitiens, etc. 2759. 7 50

— Op. 17. Fantaisie sur la mort d'Erbal. 6

— Vingtième pot-pourri. 6

KALKBRENNER (Fréd.). Marche, avec variations sur l'air anglais, *Voulez-vous venir au bosquet*. 1352. 6

— Rondo brillant, extrait de son deuxième concerto. 1596. 7 50

— Op. 16. Variations sur Vive Henri IV. 1117. 6

— 17. Huit variations sur l'air *God save the king*. 1119. 5

— 18. Variations suivies d'un rondo sur la romance d'Une Folie. 1122. 6

— 19. Variations sur l'air anglais *Will you come*. 1123. 3 75

— 21. Sixième grande fantaisie sur l'air écossais de la Dame Blanche. 1168. 7 50

— 22. Septième fantaisie sur la romance à trois notes de J.-J. Rousseau. 1192. 6

— 25. Variations sur un air irlandais. 1208. 5

— 32. Rondino. 1271. 6

— 33. Huitième fantaisie sur le duo de Don Juan. 1272. 6

— 34. Essai sur différens caractères. 1er livre. 1287. 6

2e 1288. 6

— 37. Neuvième fantaisie. 1321. 6

— 43. Taïaut, ou la Chasse au renard, rondo. 1390. 6

— 45. Rondo polacca. 1436. 6

— 46. La *Solitudine*, rondo. 1437. 5

— 54. Trois andantes. 1528. 6

— 55. Polonaise brillante. 1533. 6

— 59. Second rondo-pastoral. 1571. 6

— 60. Douzième fantaisie sur un thème écossais. 1572. 6

— 64. Treizième — — — 1609. 6

— 67. Rondo villageois. 1623. 6

— 68. *Effusio Musica*, grande fantaisie. 1625. 9

— 69. Six variations sur un air irlandais. 1626. 7 50

— 71. Variations brill. sur Robin des Bois. 1672. 7 50

fr. c.

Kalkbrenner (F.). Op. 72. Fantaisie et grandes variations sur un thème écossais. 401. 7 50
— Op. 75. Le Tribut à la mode, deux airs de Rossini, variés. 432. 6
— 76. Fantaisie sur des motifs du Maçon. 408. 6
— 77. Mélange sur des motifs du *Crociato*. 758. 5
— 78. Rondino sur *Ah! povero calpigi*. 1832. 5
— 83. Variations brillantes sur *Di tanti palpiti*. 901. 7 50
— *Id.*, avec orchestre. 901. 15
— 89. Rondino sur la ronde du Colporteur. 2223. 6
— 90. Grande marche sur l'entr'acte du Colporteur. 2224. 3 75
— 91. Walse irlandaise, avec introduction et variations. 2171. 6
— 92. Grande polonaise, précédée d'une introduction et d'une marche. 1979. 9
— *Id.*, avec orchestre. 1979. 15
— 96. Romance et rondeau brillant. 2428. 5
— 97. Menuet et rondo caractéristique, extrait de son grand duo de piano et violon. 2483. 7 50
— 98. Variations brillantes sur le *Pirata*. 2519. 7 50
— 99. Variations, avec introduction sur *God save the king*. 2531. 9
— *Id.*, avec orchestre. 2531. 12
*— 100. *Adagio e allegro di Bravura*. 9
— 101. Rondo brillant sur Frère Jacques. 2594. 7 50
— *Id.*, avec orchestre. 2594. 15
— 102. Morceau de concert, thème original var. 2810. 7 50
— 103. La Brigantine, fantaisie romantique. 2811. 6
— 104. Caprice. 2812. 6
— 106. Rondo fantastique. 2833. 6
— 112. Variations brill. sur le Petit Tambour. 2845. 7 50
— *Id.*, avec quatuor. 2845. 10
— 113. Le Rêve, grande fantaisie. 2851. 7 50
— *Id.*, avec quatuor. 2851. 10
— — avec orchestre. 2851. 15

Kalkbrenner, Cramer Hummel et Moschelès. Variations sur l'air anglais *Rule Britannia*. 2818. 5

Karr (Henri). Le Mois de Mai, rondo pastoral. 4 50
— Op. 195. Mélange sur des airs de Fiorella. 2034. 6
— 199. Rondoletto. 490. 4 50
— 200. Rondo pastoral. 3 75
— 201. Rondo polacca. 502. 3 75
— 207. Fantaisie sur la Brigantine. 2159. 3 75
— 208. — sur le Suisse au régiment. 2160. 4 50
— 210. Rondo sur des motifs du Colporteur. 2227. 4 50
— 212. Fantaisie sur les couplets du Colporteur. 2245. 4 50
— 213. — sur le Matelot. 2172. 4 50
— 223. Récréation musicale. 1988. 5
— 238. Fantaisie brill. sur l'Ange Gardien. 2823. 6

Klengel. Rondo en *la* bémol. 3 75
— Op. 10. Variations sur un air tyrolien. 3 75
— 11. Air russe varié. 3 75
— 12. Rondo militaire. 3 75
— 30. Le Départ et le Retour, romance et rondo. 5
— 34. Romance. 3

Kozeluck. Op. 42. Douze pièces faciles. 281. 7 50

Kreussen. Rondo facile. 3

fr. c.

*Kuhlau. Op. 40. Trois rondeaux. 4 50
— 41. Six petits rondeaux. 1er livre. 2165. 5
2e 2166. 5
— 56. Trois rondeaux sur des motifs de Figaro. 1er livre. 2071. 3 75
2e 2072. 3 75
3e 2073. 3 75
— 84. Rondo sur la ronde du Maçon. 2144. 5
— 96. — brillant sur un thème favori d'Onslow. 2468. 6

Latour. Variations sur *O Pescator dell'onda*. 1452. 4 50
— — sur *Sul Margine*, avec flûte (*ad libitum*). 1394. 6
— La Copenhague, la Guaracha et la Léopoldine, variées. 4 50

*Lemoine (Henri). Op. 18. Souvenirs du Barbier de Rossini. 5

Lechopié. Op. 18. Thème varié et rondo. 6
— 19. Mélange, avec accompagnement de violon. 6

Mansui. Variations sur Vive Henri IV. 4 50
— Fantaisie sur les Aubergistes de qualité. 4 50

Marchand. Variations sur la romance de Koulouf. 6

Mayseder. Op. 21. Grand rondo. 2776. 6
— 37. Variations sur Sémiramis. 1823. 6
— 44. — sur un thème de *Mercadante*. 2152. 5
— 46. Grand rondo. 2789. 7 50

Mazzinghi. La Petite Surprise. 1843. 2 50
— Le Petit Favori. 1844. 2 50

Méreaux (J.-N.). Rondoletto. 2473. 5
— Rondo *alla Polacca*. 2474. 5
— Six polonaises. 1er livre. 2411. 4 50
2e 2412. 4 50
— Op. 34. Caprice, avec acc. de flûte ou violon (*ad lib.*). 2162. 5

Méreaux (Amédée). Op. 13. Trois petits rondeaux. 1er liv. 2093. 4 50
2e 2094. 4 50
3e 2095. 4 50
— Op. 15. Variations sur *Chantez, petit*, de Panseron. 946. 6
— 18. Grande polonaise brillante. 2371. 7 50
— La même, avec orchestre. 2371. 12
— 19. Variations sur *Do, do, l'enfant do*. 2372. 6
— 25. Grandes variat. sur la Marche de Moïse. 2598. 7 50
— Les mêmes, avec orchestre. 2598. 12
— 36. Rondo brillant. 2535. 6

Meyer. Six polonaises. 4 50

*Mochelès. Op. 1. Variations sur la romance d'Une Folie. 4 50
— 6. — sur un air autrichien. 3 75
— 7. — sur la cavatine *Tu sei il mio dolce amore*. 6
— 14. Rondo brillant. 1457. 5
— 38. Fantaisie et rondo. 1542. 6
— Rondo extrait de sa sonate dédiée à Beethoven. 1535. 5

Mocker (Ant.). Op. 24. Variations brillantes sur Euriante. 2472. 7 50
— Le même, avec quatuor. 2472. 12

Moke (C.). Op. 1. Rondo parisien. 421. 6

Mozart. Douze petits airs variés. 3
— Première fantaisie. G. 4 50
— Douze thèmes variés (2e cahier de la collection). B. 12
— Quatorze pièces de différens genres (5e *idem*). E. 12
— Onze — — — — (13 *idem*). M.

fr. c.

MULLER. Op. 29. Trois grands caprices. 6

ONSLOW (G.). Op. 5. Air écossais varié. 939. 4 50
— 6. Toccata. 940. 3 75
— 12. *Charmante Gabrielle*, varié. . . 1224. 3 75
— 13. *Aussitôt que la lumière*, — . . 1261. 6
— 28. Variations sur un thème anglais. 587. 5

OLIVIÉRI (Félicité). Op. 10. Grandes variations sur la romance d'Une Folie. 7 50

OSBORNE (G.-A.). *Ricordanza* sur des motifs de Fiorella. 4 50

PAER. Pot-pourri sur différens thèmes de ses opéras. 6

PAYER. Variat. brillantes sur un cavat. favorite de Carafa. 2049. 5
— Op. 30. Variations brillantes sur un air autrichien. 6
— 113. — sur des motifs du *Crociato*. 1828. 5
*— 140. Fantaisie sur la Tyrolienne de Guillaume Tell. 6

PENNA (L.). Variations sur la romance d'Une Folie. 6

PETIT (C.). Le Soldat et la Bergère, rondo français. . . . 2501. 7 50
— Op. 17. Rondo brillant. 6
— 21. — chevaleresque. 6

PIXIS. Polonaise favorite de Tancrède. 5
— Op. 28. Grande polonaise. 6
— 29. Rondoletto sur un boléro espagnol. 1665. 3 75
— 31. Polonaise brillante. 1602. 6
— 36. Grandes var. sur un thème du Barbier. 495. 7 50
— 48. Les Charmes de Vienne, rondo brillant. . . 6
— 52. Variations sur un thème ukrainien. 1670. 6
*— 59. Grandes variations sur Tancrède, avec orch. 9
— 63. Rondo brill. sur un thème fav. de Carafa. 1639. 6
— 64. Grand rondo hongrois. 1640. 9
— Le même, avec orchestre. 1640. 15
— 72. Deuxième mélange sur Robin des Bois. 416. 6
— 81. Rondino sur *Giovinetto* de Don Juan. . . 67. 6
— 88. Rondo *capricioso* sur Don Juan. . . . 1836. 6
— 93. Air anglais favori, varié. 2154. 6
*— 106. Souvenirs de Londres, rondo écossais. . . . 5
*— 107. Rondo polacca. 6
*— 108. Caprice brillant. 5

PLEYEL (Ignace). Rondo sur un air d'Une Folie. 930. 3 75
— Polonaise et rondo de Viotti, variés. 541. 4 50
— Rondo extrait de sa troisième symphonie. . . . 983. 4 50
— Airs variés, andante et rondo. 246. 6
— Petites pièces pour les élèves, avec violon (*ad libitum*).
1er livre. 633. 6
2e 6
3e 6
4e 636. 6

PLEYEL (Camille). Le Répertoire des demoiselles. 1er cahier. 1460. 6
2e 1461. 6
3e 1462. 6
4e 1463. 6
5e 1464. 6
6e 1465. 6
7e 1466. 6

Nota. La plupart des pièces qui forment cet ouvrage sont brillantes, quoique d'une moyenne force, l'auteur s'étant attaché principalement à trouver des passages qui fussent bien sous les doigts et à éviter ceux qui auraient pu embarrasser les élèves ou leur faire contracter de mauvaises habitudes.

fr. c.

PLEYEL (C.). Variations sur *Je suis Lindor*. 3 75
— No 1. Variations sur un troubadour béarnais. 6
— 2. Rondo, précédé d'une introduction. . . . 1229. 5
— 3. Thèmes polonais, avec variations. 6
— 4. Les Souvenirs, rondo. 4 50
— 6. La Solitude, fantaisie. 6
— 9. Variations sur la Chaumière de Koulouf. 4 50
— 10. — sur la *Cantatrice villane*. 5
— 11. Les Lutins, rondoletto. 1282. 4 50
— 12. Ronde villageoise. 1299. 4 50
— 13. Polonaise facile. 1388. 3
— 14. Les Pensées, fantaisie. 4 50
— 17. La Nymphe de la Seine, pastorale. 5
— 18. La Récréation, rondoletto. 1449. 3 75
— 19. Variations sur le Clair de Lune. 1507. 6
— 20. Premier mélange sur le Barbier. 1513. 6
— 21. Deuxième mélange sur les opéras de Rossini. 1516. 6
— 22. Caprice sur la romance d'Otello. 1529. 6
— 23. Mélange sur Don Juan. 6
— 24. Petits airs connus. 1563. 6
— 25. Troisième mélange sur les opéras de Rossini. 1568. 6
— 26. Rondo *alla polacca*. 4 50
— 27. Quatrième mélange sur Zelmire. 1587. 6
— 28. Cinquième — — 1588. 5
— 29. Sixième mélange ou fantaisie sur Zelmire. 1595. 6
— 30. Rondo avec introduction. 1601. 5
— 31. Polonaise sur le duo d'Armide, avec flûte. 1642. 6
— 36. Rondo sur *Aurora che Sorgerai*. . . . 1822. 4 50
— 37. Rondo brillant sur le chœur de Robin des Bois. 6
— 38. Caprice sur le Matelot. 5
— 39. Trois petits rondos faciles et brillans.
Lettre A. 1681. 3
B. 1681. 3
C. 1681. 3
— 40. Seconde polonaise facile. 1683. 3 75
— 43. Rondo sur le boléro de Léocadie. 582. 4 50
— 44. Premier mélange sur Robin des Bois. 5
— 46. Mélange sur le Maçon. 6
— 47. Rondo sur *Zitti, Zitti*. 12. 4 50
— 48. — sur *Cruda sorte*, d'Armide. 15. 4 50
— 49. — sur *Di piacer*, de *la Gazza*. 17. 4 50
— 50. Mélange sur *le Crociato*. 56. 6
— 51. Marche de Moïse. 1777. 3
— 52. Nocturne à la Field. 2 50

RAWLINGS. Variations sur *Aurora che Sorgerai*. 566. 5

*REISSIGER. Op. 54. Variations brillantes. 7 50

RHEIN (C.-L.). Op. 31. Rondo brillant sur le Colporteur. 2247. 6
— 34. Variations sur la ronde de Pierre et Catherine. 2610. 4 50
— 35. Rondoletto sur Pierre et Catherine. 2611. 5

RIES (Ferd.). Op. 131. Neuvième fantaisie sur Robin des Bois. 6

RIGEL. Op. 21. Fantaisie sur les airs de Galathée. 736. 6
— 38. Troisième rondo. 6

ROUSSEAU (Louise). Fantaisie et variations. 2517. 7 50

SAUJON (C. DE). Op. 16. Caprice. 5

fr. c.

Schneitzhoeffer. Marches extraites des Ballets de Proserpine et des Filets de Vulcain, avec violon. 2576. 9
— Air suisse varié, avec violon. 2634. 5
Schuller. Rondo brillant. 5
Schuncke (Ch.). Op. 2. Premier caprice. 6
Simonin (Ch.). Op. 4. Fantaisie sur des motifs du Colporteur. 6
Sowinsky (A.). Op. 6. Le Départ, rondo. 6
— 9. Introduction et rondo brillant sur le Maçon. 1997. 7 50
— Le même, avec quatuor. 1997. 12
Steibelt. Quatrième fantaisie sur les Mystères d'Isis. 503. 6
— Le Rappel à l'armée, fantaisie militaire. 6
— Fantaisie et variations sur les *Virtuosi ambulanti*. 5
— Polonaise favorite de madame Billington. 1289. 3 50
— Rondo piémontais. 4 50
— Rondo brillant, extrait de son septième concerto. 4 50
— L'Orage, précédé d'un rondo pastoral. 1127. 4 50
— Septième pot-pourri. 6
— Vingtième — — 6
— Op. 28. Trois divertissemens faciles. 4 50
— 32. *Enfant chéri des dames*, avec violon et violoncelle. 5
— 41. Combat naval. 6
Tapray. Premier pot-pourri. 3 75
— Deuxième — — 3 75
Weber (Ch.). Grande polonaise brillante. 24. 4 50
— Op. 37. Rondo brill. dans le rythme bohémien. 2146. 6
— 65. L'Invitation à la walse, rondo brillant. 2489. 5
— Dernière pensée musicale. 2494. 2
Weiskopff. Six airs variés avec violon. 7 50
— Premier pot-pourri. 5
— Deuxième — — 5
— Troisième — — 6
Woelfl. Variations sur la romance d'Une Folie. 4 50
Woets (J.-B.). Op. 61. *Peu de chose, ou presque rien.* 2196. 4 50
— 64. Chant corinthien, varié. 2147. 6
— 66. La Chasse. 2103. 5
— 71. Air favori écossais. 1995. 6
— 72. Premier caprice sur des motifs du Colporteur. 2162. 6
— 73. Air favori jacobite écossais, varié. 5
— 74. Rondoletto. 2198. 3 75
— 76. *Les Airs que chantait ma mère.* 1er livre. 2414. 4 50
2e 2415. 4 50
— 77. Scène champêtre sur un air de Léocadie. 7 50
— 78. Le Lévite d'Éphraïm, grande scène dramatique. 2422. 7 50
— 82. Fantaisie sur des thèmes français favoris. 2770. 6
Wuerfel. Op. 24. Rondo brillant. 5
— 26. Deux polonaises. 3 75
— 27. Deux polonaises. 3

OUVERTURES D'OPÉRAS A QUATRE MAINS.

Onslow (G.). Alcade de la Véga (l'), arrangée par l'auteur. 475. 6
— — — — entr'actes, arrangés par l'auteur. 5

fr. c.

Halévy. Clari, arrangée par Tariot. H. 5
Mozart. Clémence de Titus (la), arrangée par l'auteur. 1691. 4 50
Onslow (G.). Colporteur (le), — — — 2225. 6
Beethoven. Coriolan, arrangée par Wats. 2383. 5
Mozart. *Cosi fan tutti*, arrangée par l'auteur. 1694. 4 50
— Don Juan, — — — 1685. 4 50
Beethoven. Egmond, — — — 2342. 4 50
Mozart. Enlèvement du sérail (l'), arrangé par l'auteur. 1693. 4 50
Beethoven. *Fidelio*, — — — 1825. 4 50
Auber. Fiorella, arrangée par Karr. 2032. 6
Mozart. Flûte enchantée (la), ou les Mystères d'Isis, arrangée par l'auteur. 1686. 4 50
— Idoménée, arrangée par l'auteur. 1692. 4 50
Rossini. *Italiana in Algieri (l')*, arrangée par François Hunten. 2868. 6
Mozart. Mariage de Figaro (le), arrangée par l'auteur. 1684. 4 50
Adam (Ad.). Pierre et Catherine, — — — 2602. 6
Beethoven. Prométhée, arrangée par Leidesdorf. 2382. 5
Rossini. *Tancredi*, arrangée par François Hunten. 2867. 6

OUVERTURES D'OPÉRAS

AVEC ET SANS ACCOMPAGNEMENS.

Onslow (G.). Alcade de la Véga (l'), avec violon (*ad libitum*), arrangée par Panseron. 4 50
Rossini. Barbier de Séville (le), avec violon (*ad libitum*), arrangé par l'auteur. 1537. 4 50
Méhul. Bion, avec violon et violoncelle, arrangée par L. Adam. 4 50
Fioravanti. *Cantatrice villane (le)*, avec violon (*ad libitum*). 3 75
Grétry. Caravane (la), avec violon (*ad libitum*). 1164. 3
Halévy. Clari, avec violon (*ad libitum*), arrangée par Tariot H. 4 50
Mozart. Clémence de Titus (la), avec violon. 33. 3
Onslow. Colporteur (le), avec violon (*ad libitum*), arr. par Jadin. 6
Mozart. *Cosi fan tutti*. 3
Kreubé. Coq du village (le), avec violon (*ad libitum*). 4 50
Vogel. Démophon. 1165. 3 75
Mozart. Don Juan. 201. 3 75
Kreubé. Edmond et Caroline, avec violon et violoncelle. 1791. 4 50
— Enfans de maître Pierre (les), arrangée par Riffaut. 4 50
Chérubini. Épicure, avec violon (*ad libitum*), arr. par l'auteur. 4 50
Beethoven. *Fidelio*, arrangée par l'auteur. 1825. 3 50
Auber. Fiorella, avec violon (*ad libitum*), arr. par l'auteur. 2000. 4 50
Mozart. Flûte enchantée (la), ou les Mystères d'Isis, arr. par l'auteur. 444. 4 50
Rossini. *Gazza ladra (la)*, avec violon (*ad lib.*), arr. par l'auteur. 1536. 4 50
Berton. Grand Deuil (le), avec violon (*ad libitum*). 368. 3 75
Nicolo. Impromptu de campagne (l'), avec violon (*ad libitum*). 3 75
Gluck. Iphigénie en Aulide, avec violon (*ad libitum*). 1166. 4 50
Méhul. Irato (l'), avec violon et violoncelle, arr. par l'auteur. 372. 50
Dalayrac. Jeune Prude (la), avec violon et violoncelle. 617. 4 50
Auber. Léocadie, avec violon (*ad lib.*), arr. par l'auteur. 436. 4 50
— — entr'actes, — — 3
Reissiger. *Libella*, — — 2730. 4 50
Auber. Maçon (le), avec violon (*ad libitum*), — — 1720. 4 50
— — entr'actes. 1719. 2 50
Mozart. Mariage de Figaro (le), arr. par l'auteur. 2521. 4 50

fr. c.

Cimarosa. *Matrimonio secreto (il)*, avec violon et violoncelle. 366. 4 50

Dalayrac. Pavillon (le) des fleurs, avec violon (*ad libitum*). . . . 4 50

Adam (Ad.). Pierre et Catherine, avec violon (*ad lib.*), arr. par l'auteur. . . . 2603. 4 50

Dalayrac. Picaros et Diégo, avec violon (*ad lib.*), arr. par l'auteur. 561. 3 75

Weber. Robin des Bois, arr. par l'auteur. . . . 681. 4 50

Auber. Timide (le), avec violon (*ad lib.*), arr. par l'auteur. . . . 4 50

Rossini. *Tancredi*, — — — — — 1569. 5

— *Turco in Italia (il)*, — — — — 1538. 3 75

Méhul. Une Folie, — — — — — 485. 4 50

Dalayrac. Une Heure de mariage, avec violon et violoncelle, arr. par l'auteur. . . . 618. 4 50

OUVERTURES DIVERSES.

Haydn. Grande ouverture, avec violon et violoncelle. . . . 6

— Ouverture, — — — — en *ré*. . . . 5

Rigel. — dans le genre bouffe, avec violon. . . . 3 75

Steibelt. — turque, avec violon et violoncelle. . . . 4 50

CONTREDANSES TIRÉES D'OPÉRAS,

arrangées à quatre mains.

(Noms des opéras.)

Clari. Un quadrille, arrangé par J.-B. Duvernoy. . . . 2499. 4 50

Colporteur. — — — — — 4 50

Fiorella. Premier quadrille, arr. par Defrance. . . . 438. 4 50

— Deuxième, — — — — 448. 4 50

Guillaume Tell. Un — — — Miné. . . . 2327. 4 50

Pierre et Catherine. Un — — — 2614. 4 50

CONTREDANSES DIVERSES A QUATRE MAINS.

Carbeaut (A.). Deuxième quadrille. . . . 2744. 4 50

Duchambge (P.). Premier — sur ses romances. 2173. 4 50

— Deuxième — 2174. 4 50

Gide (C.). Premier — 415. 4 50

Miné (Ad.). Dixième — 714. 4 50

Pixis. Premier — 4 50

Raoul (R.). Premier — 1682. 4 50

— Deuxième — 1842. 4 50

CONTREDANSES TIRÉES D'OPÉRAS,

Avec accompagnement de Violon, Flûte ou Flageolet (ad libitum).

(Noms des opéras.)

Clari. Un quadrille, arrangé par J.-B. Duvernoy. . . . 2488. 3 75

Colporteur (le). Premier quadrille, arr. par le même. . . . 3 75

— Deuxième — — — 3 75

— Premier — — Tolbecque. . . 2248. 3 75

Crociato (le). Deux quadrilles, — Duvernoy. . . 1748. 4 50

Fiorella. Premier quadrille, — Defrance. . . 2030. 3 75

— Deuxième — — — 2031. 3 75

Guillaume Tell. Un — — Duvernoy. . . 2195. 3 75

fr. c.

Léocadie. Un quadrille et une walse, arrangés par Duvernoy. 3 75

Libella. — — — — — — — (avec une lithographie à chaque figure). . . . 2732. 4 50

Maçon (le). Deux quadrilles, arrangés par Duvernoy. . . 407. 4 50

Pierre et Catherine. Un quadrille, arrangé par Tolbecque. 2613. 3 75

Pirata (il). — — — Duvernoy. 2731. 3 75

Le même, avec une lithographie à chaque figure. 2731. 4 50

CONTREDANSES DIVERSES.

Blanchet. Un quadrille brillant. . . . 3 75

— Contredanses variées. . . . 4 50

Carbeaut (A.). Premier quadrille. . . . 2749. 3 75

— Deuxième — 2746. 3 75

Chevalier. Les Soirées de la Chaussée d'Antin, 1er, 2e et 6e quadrille. Chaque. . . . 3 75

Defrance. Premier quadrille. . . . 3 75

— Deuxième — 3 75

Duchambge. Trois quadrilles. 1er cahier. . . . 2120. 3 75

2e 2121. 3 75

3e sur ses plus jolies romanc. 2122. 3 75

— Un quadrille. 4e — — — 2407. 3 75

— — 5e 42. 3

Duperron. Premier quadrille. . . . 1158. 3 75

— Deuxième — 1159. 3 75

Duvernoy (J.-B.). Souvenirs de la Suisse, quadrille. . . 2822. 3 75

Étienne (A.). Premier quadrille. . . . 3 75

Gard (Jules). Quadrille de Navarin. . . . 2429. 3 75

Marie de L***. Premier quadrille. . . . A. 2664. 3 75

— Deuxième — . . . . B. 2664. 3 75

WALSES A QUATRE MAINS.

Bertini (Henri). Op. 59. Trois walses. . . . 2425. 3 75

Kalkbrenner (Fréd.). Grande walse. . . . 1532. 3

Pixis (J.-P.). Douze walses. . . . 1656. 5

— Six grandes walses. . . . 2149. 5

WALSES DIVERSES.

*** Choix de seize jolies walses allemandes. . . . 2777. 6

*** Grande walse dans le style autrichien. . . . 1993. 3

*** Menuets, anglaises, walses, quadrilles, etc. . . . 3

Adam (L.). Op. 11. Douze walses. . . . 858. 6

Bayle (T.). Trois walses, avec lithographie. . . . 2713. 3 75

Clementi. Douze walses, avec tambourin et triangle (*ad libitum*). 7 50

Duchambge (P.). Six galops-walses. . . . 2311. 3 75

— Trois walses. . . . 2046. 2 50

Dunienville. Recueil de walses. . . . 3 75

Duvernoy (J.-B.). Grande walse sur l'air écossais de la Dame Blanche. . . . 1966. 2 50

Jadin (L.). Douze walses. . . . 4 50

Kluftt (N.). Quatorze walses. 1er cahier. . . . A. 951. 3 75

2e . . . . B. 951. 3 75

3e 1145. 3 75

4e 1965. 3 75

fr. c.

Miné (Ad.). Les Soirées allemandes, recueil de walses. 2641. 5
Mozart. Douze walses. 2 50
Paer. Une walse. 1198. 1 50
Pixis. Les Coquettes, douze walses. 1654. 3 75
Pohl (J.). Douze walses. 3
Retemeyer. Grande walse. 2747. 2
Saint-Genois. Douze walses. 3
Schuller. Six walses. 3 75
Schuncke (Ch.). Op. 4. Six walses autrichiennes et hongroises. 3 75
— 7. Quatre walses brillantes. 5
Schuncke (Ph.). Premier recueil de walses. 1531. 4 50
— Deuxième — — 4 50
Steibelt. Op. 36. Douze walses, avec tambourin et triangles, (*ad libitum*). 7 50
Sticker (P.). Douze walses. 3 75
Walter. Douze walses. 1er cahier. 3 75
2e 3 75
3e 3 75
Weber (Ch.). Dernière pensée. 2494. 2

Ouvrages pour la Harpe.

CONCERTOS.

Dalvimare. Op. 17. Premier. 9
— 30. Deuxième. 9
Munchhausen. Premier. 9

TRIOS.

Démar. Op. 37, pour harpe, cor et violon. 9
Baudiot (Ch.). Op. 17, p. harpe, piano et violoncelle, ou violon. 334. 12

DUOS POUR HARPE ET PIANO, OU DEUX HARPES OU DEUX PIANOS.

*Bochsa. Variations sur la Famille Rainer, pour harpe et piano, avec flûte et basse (*ad libitum*). 7 50
— Fantaisie et variations sur le Mariage de Figaro, pour harpe et piano, ou deux pianos. 987. 7 50
Chalonner. Sérénade de Beethoven, arr. pour harpe et piano. 2462. 6
Delacour (F.). Duo sur des motifs de Mathilde de Sabran, pour harpe et piano. 2597. 9
Démar (S.). Op. 21. Premier duo pour harpe et piano. 6
— 22. Deuxième — — — — 6
Désargus. Duo concertant sur des motifs du Maçon, pour harpe et piano. 697. 9
Dumonchau. Op. 31. Grand duo pour harpe et piano. . . 334. 7 50
Dussek. Op. 36. Duo — — — — 84. 6
Gatayes (frères). Duo montagnard — — — 2792. 9
Herz (frères). Op. 16. Variations et rondo sur Michel et Christine, pour harpe et piano, ou deux pianos. . . . 605. 12

fr. c.

Kalkbrenner (Fréd.). Marche pour harpe et piano. . . . 470. 4 50
— Op. 47. Duo — — — 1438. 9
Le même, avec acc. de violon, flûte et violoncelle. 1438. 12
Kalkbrenner et Dizi. Op. 82. Grand duo, pour harpe et piano, ou deux pianos. 277. 9
Mocker (M. et Mme Ant.). Op. 30. Variations brillantes pour harpe et piano. 2491. 9
Pleyel (Ignace). Op. 28. Premier duo pour harpe et piano. 6
— Deuxième — — — 9
Pleyel (Camille). Op. 4. Duo — — — 1440. 7 50
Pleyel (Camille) et Dizi. — — — — 1627. 7 50
Steibelt. Op. 32. *Enfant chéri des dames*, varié pour harpe et piano. 6

DUOS POUR HARPE ET VIOLON, OU VIOLONCELLE OU FLUTE.

Baudiot (Ch.). Op. 7. Trois nocturnes pour harpe et violoncelle, ou violon. 1er livre. 1355. 7 50
2e 1367. 7 50
3e 1372. 7 50
Démar (S.). Premier et deuxième duos pour harpe et violon. Chaque. 6
Gianella. Op. 3. Duo très facile pour harpe et flûte. 5
Jacqmin (H.). Nocturne sur des motifs du Colporteur pour harpe et violon. 2250. 7 50
Marin. Op. 8. Duo pour harpe et violon. 6
Tulou et Mlle Bertrand. Op. 26. Nocturne pour harpe et flûte. 1527. 7 50

SONATES.

Cramer. Op. 13. Trois sonates, avec flûte. 6
Davi. Op. 1. Une sonate, avec violon et violoncelle. 6
Démar. Op. 33. Une sonate. 4
Dussek. Op. 2. Trois sonates. 6
— 34. Deux grandes sonates, avec violon et violoncelle. 6
Ferrari. Op. 18. Trois — — — — — 9
— 19. Quatre sonates faciles avec violon. 7 50
Hochbrucker. Op. 22. Trois sonates, avec violon (*ad libitum*). 9
Pleyel (Ignace). Op. 3. Six — faciles, avec violon. . . . 9
— 35. Trois, — avec violon et violoncelle. 538. 9

ÉTUDES.

Dizi (F.). Quarante-huit exercices ou études pour la harpe à double mouvement. 1re partie. 2101. 9
2e 2106. 9
3e 2434. 9
4e 9
*** Étude sur l'air des Folies d'Espagne, avec des variations. 1 50

MÉLANGES.

Bochsa (Ch.). Douze airs de différens caractères. 891. 6
— Mélange sur les airs favoris du *Crociato*. . . . 1840. 5
— Op. 212. Fantaisie et variations sur le chœur et la walse de Robin des Bois. 1737. 6

OUVRAGES POUR LA HARPE.

fr. c.

BOCHSA (Ch.). Op. 259. Rondo sur un thème favori de Rossini. 729. 3

— 269. — sur *Cruda sorte*. 1974. 4 50

— 270. Caprice sur *Amor possente nome*. 1975. 4 50

— 271. Marche de Moïse. 1976. 3

BERTRAND (Mlle). Op. 3. Fantaisie sur la polonaise d'Oginsky. 6

DIZI (F.). *Notte Tremenda*, romance d'Isolina. 2102. 3

— *La Notte xe bella*, barcarolle favorite. 2431. 4 50

— Variations sur *Sul Margine*, avec flûte (*ad lib.*). 1286. 5

— — sur *Benedetta sia la Madre*, avec flûte (*ad libitum*). 2436. 7 50

DALVIMARE. Airs des Mystères d'Isis, variés. 7 50

DÉSARGUS. Romance d'Une Folie, variée. 3 75

ÉLOUIS (J.). Air du Pays de Galles, avec variations. 4 50

JACQMIN (H.). Variations sur des motifs du Colporteur. 2243. 5

PAER (F.). — sur le Suisse au régiment, de madame Duchambge. 2775. 5

PETRINI. Romance d'Une Folie, variée. 4 50

ROCAS. Trois airs variés. 6

VERNIER. Op. 25. Quatrième pot-pourri. 4 50

— 37. Septième — 5

— 41. Deux polonaises de Viotti et Martini, variées. 6

— Romance d'Une Folie, variée. 5

OUVERTURES D'OPÉRAS.

(Noms des opéras.)

Bion, avec violon et violoncelle, par Vernier. 3 75

Impromptu de campagne (l'), avec violon, par Vernier. 3 75

Irato (l'), avec violon et violoncelle, par l'auteur. (Méhul). 372. 3 75

CONTREDANSES ET WALSES.

CHALONNER. Rose et Marie, deux walses. 1238. 3 75

STOCKHAUSEN. Les Soirées champêtres, walses et contredanses. 1237. 4 50

Ouvrages pour la Guitare.

TRIOS.

DE CALL. Op. 72. Sérénade pour flûte, alto et guitare. 5

— 82. — — — — 4 50

— 83. Nocturne — — — 4 50

— 89. — — — — 6

— 100. Trio pour violon, — — 4 50

LHOYER. Op. 29. Trio pour trois guitares. 1109. 5

PHILIS. Op. 4. Trois trios pour violon, alto et guitare. 7 50

— 10. Deux — — piano, violon et guitare. 7 50

— 13. Trois — — violon, alto et guitare. 7 50

— 15. — — — — — — — 7 50

DUOS POUR DEUX GUITARES.

CARULLI (Ferd.). Op. 96. Trois sérénades. 1er livre. . . 1184. 4 50

2e . . 1185. 4 50

3e . . 1186. 4 50

OUVRAGES POUR LA GUITARE.

fr. c.

CARULLI (Ferd.). Op. 110. Deux airs russes. 1268. 6

— 302. Rondo sur la barcar. de Fiorella. 569. 4 50

PHILIS. Op. 7. Rondeaux, polonaises et menuets. 3 75

DUOS POUR GUITARE ET PIANO.

CARULLI (Ferd. et Gustave). Fantaisie sur des motifs de Fiorella. 2067. 6

CARULLI (Ferd.). Op. 127. Nocturne. 1405. 7 50

DUOS POUR GUITARE ET VIOLON OU FLUTE.

CARULLI (Ferd.). Op. 304. Divertissement sur trois motifs de Fiorella pour guitare et violon. 714. 4 50

— Op. 345. Fantaisie et variations sur des motifs du *Crociato*, pour guitare et violon. 2849. 6

DE CALL. Quatre mélanges ou pots-pourris pour guitare et flûte ou violon. 1er livre. 1213. 3 75

2e 3 75

3e 1215. 3 75

4e 3 75

DE CALL. Op. 19. Sérénade p. guitare et flûte, ou violon. 1293. 4 50

— 54. — — — — — 4 50

— 65. — — — — 1294. 4 50

— 87. Duo très facile — — 4 50

— 88. — — pour guitare et violon. 4 50

— 91. Sérénade pour guitare et violon. . . . 1303. 4 50

— 92. — — — — ou flûte, ou deux flûtes. 4 50

— 104. Sonate très facile pour guitare et violon. 1212. 4 50

KUFFNER. Op. 70. Sérénade pour guitare et flûte ou violon. 3 75

— 71. — — — — — — 3 75

— 72. — — — — — — 3 75

LHOYER (A.). Op. 28. Grand duo pour guitare et violon. . . . 4 50

PHILIS. Op. 14. Quatre sonates ou caprices p. guitare et violon. 6

ROTOLO. Variations sur un air d'Ign. Pleyel — — — 3

ÉTUDES, EXERCICES ET PRÉLUDES.

CARULLI (Ferd.). Vingt-quatre pièces faciles et progressives. 2398. 9

GIULIANI. Douze leçons progressives. 4 50

LHOYER (A.). Op. 27. Six exercices. 6

PHILIS. Op. 16. Préludes. 899. 7 50

MÉLANGES POUR GUITARE SEULE.

BARIC. Airs variés et walses. 5

CARULLI (Ferd.). Sonate, polonaise et rondo. 6

— Op. 99. Six différens morceaux faciles. . . . 1191. 6

— 130. Vingt-quatre bagatelles. 1424. 6

— 303. Fantaisie sur un motif de Fiorella. . . 583. 3 75

— 346. — sur plusieurs romances favorites de madame Duchambge. 2850. 5

GIULIANI. Op. 21. Douze walses. 3 75

LHOYER. Air varié. 3

PHILIS. Variations sur *Ah! vous dirai-je, maman*. 2

BOUGEON. Air écossais de la Dame Blanche, varié. 1 50

— — d'Ign. Pleyel, varié. 1 50

— — favori du *Crociato*, varié. 1898. 1 50

Musique vocale.

AIRS D'OPÉRAS FRANÇAIS

AVEC ACCOMPAGNEMENT DE PIANO.

ALCADE DE LA VÉGA (L').

GEORGES ONSLOW.

			fr.	c.
Nº 1. *Air*.	En vérité, tu perds l'esprit, ma chère.	1698.	3	
2. *Quatuor et quintette*.	Ah! désormais.	1698.	6	
2 (*bis*). *Quatuor seul*.	— —	1698.	2	50
3. *Cavatine*.	De la nature aimable ouvrage.	1698.	2	
4. *Air*.	Vous avez secondé nos travaux.	1698.	2	50
5. *Romance*.	Vous qui dans ce séjour tranquille.	1698.	1	50
6. *Duo*.	De frayeur je chancelle.	1698.	3	75
7. *Couplets*.	Au travail je dois la richesse.	1698.	1	50
8. *Ronde*.	Venez ici, jeunes garçons.	1698.	2	50
9. *Duo*.	Ah! si votre courroux.	1698.	3	75

BION.

MÉHUL.

		fr.	c.
Nº 1. *Scène*.	La nuit a disparu.	3	
2. *Air*.	Puisque votre amitié.	1	50
3. *Duo*.	Ah! mon ami.	4	50
4. —	Il n'est plus temps.	4	50
5. *Couplets*.	Amour, le monde est ton domaine.	3	
6. *Ronde*.	Je suis seul, c'est ici.	3	75

COLPORTEUR (LE).

GEORGES ONSLOW.

			fr.	c.
Nº 1. *Introduction en trio*.	Holà! garçons, soldats! courage.	2203.	5	
2. *Air*.	Redoute ma juste furie.	2204.	3	75
3. *Trio*.	Ah! depuis mon jeune âge.	2205.	5	
4. *Duo*.	C'est vous, sans doute, capitaine.	2206.	4	50
5. *Couplets*.	Pour des filles si gentilles.	2207.	2	
6. *Air*.	Ah! depuis le moment.	2208.	4	50
7. *Duo*.	Tous deux sans biens, sans héritage.	2209.	4	50
7 (*bis*). *Rom. à 2 voix*.	Alexis doit quitter son père.	2210.	1	50
7 (*ter*). — *à voix seule*.	— — — — —	2211.	1	50
8. *Ronde et chœur*.	Ah! quand il gèle.	2212.	3	75
8 (*bis*). *Ronde seule*.	— — —	2213.	2	
9. *Quintetto*.	Ah! venez, vous êtes son frère.	2214.	5	
10. *Air*.	Toujours de mon jeune âge.	2215.	2	25
11. *Ronde à 2 voix*.	C'est la fête du village, voici.	2217.	3	
11 (*bis*). — *à voix seule*.	— — — —	2218.	1	50
12. *Cavatine*.	Modèle d'innocence.	2219.	3	75

COQ DU VILLAGE (LE).

FRÉD. KREUBÉ.

		fr.	c.
Nº 1. *Romance*.	Aux petits jeux de mon enfance.	1	50
2. — *à 2 voix*.	Depuis que je vous ai dit. 1810.	2	50
3. *Air*.	Pierrot, oui, Pierrot les enchante.	3	75
4. —	J'ai trop de poules à contenter.	3	
5. *Duo*.	Thérèse, viens à moi.	4	50
6. —	Voulez-vous me le rendre.	4	50

CRÉATION (LA) — *LE CHAOS*.

ORATORIO DE HAYDN.

		fr.	c.
Nº 1. *Aria*.	Dieu fut le créateur du ciel. *D'apprima Iddio creo*. 358.	4	50
2. *Récitatif*.	Dieu fit aussi le firmament. *Dal nume fatti i firmamenti*. 358.	3	
3. *Air*.	L'onde écumante et rapide. *L'onde spumose e rapide*. 358.	2	50
4. —	Déjà les plus brillantes fleurs. *D'erbette cinto il prato*. 358.	6	
5. *Aria*.	Et Dieu dit que les mers. *E Dio disse che l'acque*. 358.	2	50
6. *Trio*.	Et les anges du ciel. *Del quinto giorno*. 358.	5	
7. *Récitatif et aria*.	Et Dieu dit que la terre. *E Dio disse la terra*. 358.	2	50
8. *Récitatif et air*.	Et Dieu créant l'homme. *Dal nulla l'uom*. 358.	2	
9. *Trio*.	Grand Dieu! c'est toi. *Sol, te oh nume!* 358.	4	50
10. *Récitatif*.	Au doux ramage des oiseaux. *Sopra le nubbi appar l'aurora*. 358.	5	
11. *Duetto*.	Quelle grace ton sourire. *Cara sposa, teco ognora*. 358.	5	

EDMOND ET CAROLINE.

FRÉD. KREUBÉ.

		fr.	c.
Nº 1. *Duo*.	Un doigt de vin, de bon vin.	3	75
2. *Couplets*.	Il faut l'aimer.	1	50
4. *Air*.	Ah! je déteste les ingrats.	3	
5. *Couplets*.	Nice, Alain dans not' village. 1795.	2	
6. *Air*.	Le ciel, dit-on.	2	50
7. *Duo*.	Adieu, séjour calme.	2	50

ENFANS DE MAITRE PIERRE (LES).

FRÉD. KREUBÉ.

		fr.	c.
Nº 1. *Ronde*.	C'est à la danse du village.	1	50
2. *Romance*.	Je chéris ce séjour tranquille.	1	50
3. *Air*.	Un doute affreux.	3	
5. *Romance*.	D'où vient donc le trouble.	1	50
6. *Couplets*.	Dès le matin à sa toilette.	1	50
7. *Duo*.	Rassurez-vous, aimable enfant.	3	75
9. *Air*.	Ils ne reviennent pas.	4	50
10. —	Ah! faites cesser mes larmes.	3	

ÉPICURE.

MÉHUL.

		fr.	c.
Nº 5. *Scène*.	O mes amis! dans ce moment d'orage. 122.	2	50

ÉPICURE.

CHÉRUBINI.

			fr. c.
N° 3. *Duo*.	Du tourment cruel que j'endure.	123.	2 50

ESPIONNE (L').

AD. ADAM.

Boléro.	Douce patrie toujours chérie.	2567.	2 50

ESPIONNE RUSSE (L').

LÉON BIZOT.

Couplet.	Mais que mon cœur palpite. . .	2646.	2

FIORELLA.

AUBER.

N° 1. *Couplets*.	Heureux climats, beau ciel de l'Italie.	2001.	2
2. *Duo*.	Vous avez raison, pourquoi des belles être jaloux.	2002.	4 50
3. *Air*.	Oh! ce n'est rien encore. . . .	2003.	3 75
4. *Duo et trio*. . . .	Céline est d'illustre origine. . .	2004.	4 50
5. *Barcar. à 2 voix*.	Pauvre Napolitain, la mer est belle.	2005.	3
5 (*b*.).—*à voix seule*.	— — — —	2006.	1 50
6. *Chœur des pèlerins à 3 voix*.	Dans cet asile solitaire. . . .	2007.	3
7. *Ronde*.	Après la richesse, joyeux pèlerin.	2008.	1 50
8. *Couplets*.	J'entends et la grêle et la pluie.	2009.	1 50
9. *Cavatine*.	Dans la honte qui m'accable.	2010.	2 50
10. *Duo*.	En vain j'invoque le repos. . .	2011.	4 50
11. *Duo de concert*. .	Je prétends être admis près d'elle.	2012.	5
12. *Duo chevaleresq*.	Partez, la gloire vous appelle.	2013.	3 75

GRAND DEUIL (LE).

HENRI BERTON.

N° 1. *Romance*.	Souvent il veut me faire dire.	423.	1 50
2. *Duo*.	O ciel! me serai-je trahie. . . .	423.	4 50
3. *Rondo*.	Allons, rassurez-vous.	423.	2 50
4. *Duo*.	Dans les liens du mariage. . . .	423.	3
5. *Romance*.	A Cythère avec le printemps.	423.	1 50

IMPROMPTU DE CAMPAGNE (L').

NICOLO.

N° 1. *Polonaise*.	Ah! quel dommage.		3 75
2. *Duo*.	J'aime, j'adore pour la vie.		4 50
3. *Romance et duo*. .	Dans un bois antique.		3

IRATO (L').

MÉHUL.

N° 1. *Air*.	Promenons-nous.	399.	2 50
2. *Duo*.	Jurons de les aimer.	399.	4 50
3. *Quatuor*.	O ciel! que faire.	399.	6
4. *Rondo*.	J'ai de la raison.	399.	3
5. *Air*.	Si je perdais mon Isabelle. . . .	399.	2
6. *Trio*.	Femme jolie et du bon vin. . .	399.	5
7. *Scène et air*. . .	D'un oncle trop colère.	399.	4 50

JEUNE PRUDE (LA).

DALAYRAC.

		fr. c.
N° 1. *Duo*.	Voici comment il s'exprimait.	4 50
2. *Couplets*.	Ne blâmons point.	1 50
3. *Air*.	Ah! de l'amour.	3
4. *Romance*.	Jusqu'à quinze ans.	1 50

JEUNE TANTE (LA).

FRÉD. KREUBÉ.

N° 1. *Air*.	Vantera qui voudra.	4 50
2. *Romance*.	Ah! quelle triste destinée.	1 50
3. *Duo*.	Salut à l'aimable soubrette.	4 50
4. *Air*.	Adroite pruderie.	3 75
5. *Duo*.	Ah! c'est vous seule que j'adore. . . .	4 50

KOULOUF.

DALAYRAC.

N° 1. *Air*.	Écoutez bien.	3 75
2. *Chanson*.	Que le plaisir.	2 50
3. *Scène*.	Est-ce un enchantement?	3 75
4. *Romance*. . . .	As-tu perdu?	1 50
5. *Quatuor*.	Brillante encore.	1 50
6. *Duo*.	Trait pour trait.	2 50
7. *Virelai*.	Oui, vers ma chaumière.	1 50

LÉOCADIE.

AUBER.

N° 1. *Romance*. . . .	Pour moi dans la nature. . .	743. A.	3
2. *Air*.	Quoi! vous ne devinez pas?	743. B.	3
3. *Couplets*.	Voilà trois ans.	743. C.	2
4. *Duo*.	Non monseigneur.	743. D.	3 75
5. *Boléro*.	Je viens de voir notre comtesse.	743. E.	2
6. *Air*.	De l'orchestre et du bal. . .	743. F.	2 50
7. *Trio*.	O ciel! que dites-vous?. . .	743. G.	3 75

MAÇON (LE).

AUBER.

N° 1. *Ronde avec chœur*.	Bon ouvrier, voici l'aurore. . .	1706.	3 75
1 (*bis*). *Ronde seule*.	— — — —	1706.	2 50
2. *Couplets*.	En sortant d'chez moi.	1707.	2
3. *Quatuor*.	Quoi! monsieur, est-ce vous?	1708.	6
4. *Duo*.	Je m'en vas, je m'en vas. . . .	1709.	4 50
4 (*bis*). *Duettino*. . .	Ils s'éloignent, mais leur vue.	1710.	2 50
5. *Romance grecque*.	A sa jeune captive.	1711.	2
6. *Air*.	A chaque instant sur mon passage.	1712.	3
7. *Duo*.	Dépêchons, travaillons. . . .	1713.	4 50
8. *Romance*.	Elle va venir.	1714.	2
9. *Duo*.	Viens, partons loin de ce lieu.	1715.	4 50
10. *Air*.	Ah! ah! sur notre hymen. . .	1716.	3
11. *Duo*.	Allons encore, madame Bertrand!	1717.	4 50
12. *Air*.	Oui, ma tête est brûlante. . .	1718.	3 75

OFFICIER ET LE PAYSAN (L').

FRÉD. KREUBÉ.

N° 1. *Romance*. . . .	Comment, tout le charme a cessé. . .	2

fr. c.

2. *Couplets*. . . . . Dans tous les temps les soldats. . . . 2

3. *Air*. . . . . . . Ah! quel cruel événement! 4

4. *Duo*. . . . . . . Quand j'étais en votre présence. . . . 4

PAVILLON DES FLEURS (LE).

DALAYRAC.

N° 1. *Trio*. . . . . . Kaled, Kaled. 4 50

2. — . . . . . . Voyez d'un œil. 4 50

3. *Romance*. . . . . A l'espérance. 1575. 1 50

4. *Trio*. . . . . . . A vos pleurs il faut. 1575. 5

5. *Air*. . . . . . . D'amour, de joie. 1575. 3 75

6. *Duo*. . . . . . . Charmante Laure. 3

7. *Couplets*. . . . . Sur ce rivage. 1575. 1 50

8. *Romance*. . . . . La colombe fugitive. 1575. 1 50

9. *Duo*. . . . . . Mon souvenir. 3 75

10. *Noct. à 2 voix*. . Du ciel on obtient. 1575. 1 50

PICAROS ET DIÉGO.

DALAYRAC.

N° 1. *Romance*. . . . . Fille qui désire. 558. 3 75

2. *Duo (La Leçon de chant)*. . . . . Non, mon ami. 558. 5

3. *Duo*. . . . . . . Elle était donc bien séduisante. 558. 4 50

4. *Trio*. . . . . . . C'est clair, et tu n'as rien à dire. 558. 6

PIERRE ET CATHERINE.

AD. ADAM.

N° 1. *Couplets*. . . . . Dans cet' chaumière est mon bonheur. 2604. 2

2. *Duo bouffe*. . . . Devinez donc ce que je suis. . . 2605. 6

3. *Ronde*. . . . . . Pendant une guerre. 2606. 2

4. *Duo et trio*. . . . Si je l'étais, une triste grandeur. 2608. 5

4 (*bis*). *Duo seul*. . . — — — — 2607. 3

5. *Couplets*. . . . . Celui qui d'un peuple d'esclaves. 2609. 2

TIMIDE (LE).

AUBER.

N° 1. *Trio*. . . . . . . Des plaisirs de la campagne. 5

2. *Air*. . . . . . . De mes désirs servant l'impatience. . 4 50

3. *Duo*. . . . . . . D'abord, en voyant tant de charmes. . 4 50

4. — . . . . . . Je veux vous dire. 4 50

5. *Romance*. . . . . Auprès d'une femme jolie. 1 50

UNE FOLIE.

MÉHUL.

N° 1. *Duo*. . . . . . . Carlin, Carlin?. . . . . . . 484. A. 5

2. *Scène et rondo*. Traçons bien notre plan. . . . 484. B. 3 50

3. *Romance*. . . . . Je suis encore dans mon printemps. 484. C. 3

4. *Air*. . . . . . . De l'intrigue, ô vastes mystères! 484. D. 4 50

5. *Trio*. . . . . . . Non, non, je ne puis. . . . 484. E. 6

6. *Air*. . . . . . . Reviens, reviens mon aimable gaîté. 484. F. 3

7. *Air picard*. . . . Si jamais je prinds. . . . . 484. G. 4 50

8. *Quatuor*. . . . . Je tremble, vous le voulez. 484. H. 5

9. *Duo*. . . . . . . Ah! pourquoi ce déguisement? 484. I. 3

UNE HEURE DE MARIAGE.

DALAYRAC.

fr. c.

N° 1. *Couplets*. . . . . Il m'en souvient. 1 50

2. *Trio*. . . . . . . Mes chers amis. 5

3. *Duo*. . . . . . . Mais conviens, en dépit. 3 75

4. *Air*. . . . . . . O vous, qui sans espoir. 3

5. *Duo*. . . . . . . Charmante Élise. 4 50

6. *Romance*. . . . . Serment d'amour. 1 50

AIRS D'OPÉRAS ITALIENS

AVEC ACCOMPAGNEMENT DE PIANO.

ADELE DI LUSIGNANO.

CARAFA.

Cavatina. . . . . Grazie vi rendo. 2064. 3

ANDRONICO.

MERCADANTE.

Cavatina (C.). . . Soave immagine. 2522. 2

ARMIDA.

ROSSINI.

N° 1. *Duo* (S. T.). . . Amor! possente nome. 1494. 4 50

ASTUZIE FEMINILI.

CIMAROSA.

N° 1. *Scèna con duetto*. Ecco adesso finita. 6

2. *Quartetto*. . . . Io ho gia letto. 4 50

3. *Duetto*. . . . . . Un palpito atroce. 3

4. *Aria*. . . . . . Sono allegra. 530. 3 75

5. — . . . . . . Nel veder via me altro. 3 50

6. *Quartetto*. . . . Ah! fermate camerate. 5

7. *Aria*. . . . . . Di sasso oime già resto. 5

8. *Trio*. . . . . . . Declamo e mi protesto. 5

9. *Aria*. . . . . . . Io son dottor di legge. 3 50

10. *Polacca*. . . . . Sento che son vicino. 3

11. *Duetto*. . . . . . Qui dolce mente spira. 3

12. *Aria con quartetto*. Son curioso di vedere. 6

13. *Cavatina*. . . . . Junfre possi me priccone. 3

14. — . . . . . Ah! maner crudel! 530. 3

15. *Duetto*. . . . . . O notte soave tu rendi. 2

16. *Canzonnetta*. . . Le ragazzè. 3

17. *Aria*. . . . . . . S'on anvo col caro bene. 3 50

BARBIERE (IL) DI SIVIGLIA.

ROSSINI.

N° 1. *Cavatina* (T.). . . Ecco ridente il cielo. 1498. 2 50

2. *Duetto* (T. B.). . . All' idea di quel metallo. . . . 1499. 5

3. *Cavatina* (S.). . . Una voce poco fa. 1500. 3 75

4. *Duetto* (S. B.). . . Dunque io son. 1519. 3 50

CLARI.

HALEVY.

N° 1. *Introd. e cavatina*. Alto la piano un po. . . . . . . H. 9

2. *Cavatina*. . . . . Come dolce a me favelli. . . . 2536. 5

3. *Duetto*. . . . . . Deh ti calma o donna amata. . . . H. 5

				fr.	c.
4.	*Air.*	Su coraggio.	H.	5	
5.	*Chœur.*	La copia amabile per che non viene.	H.	4	50
6.	*Nocturne à 2 voix.*	Son teco mio bene.	H.	1	50
7.	*Quatuor.*	Oh! qual circondami!	H.	9	
8.	*Finale.*	Bettina, Bettina, ah veramente.	H.	5	
9.	*Duetto.*	La tua fede a me giurasti.	2538.	6	
10.	*Terzettino.*	Deh silenzio, non parlate.	2539.	3	
11.	*Canzonetta.*	Chi vuol vedere.	2540.	3	
12.	*Récit. et prière.*	Qui prostrata e palpitante.	H.	2	25
13.	*Chœur.*	Viva! viva!	H.	6	
14.	*Air.*	Gracia, gracia, benigno cielo.	H.	7	50

CONVITO.

DIVERS AUTEURS.

				fr.	c.
N° 1.	*Duetto* (S. T.).	Se fedel mi sei ben mio.		3	75
2.	*Aria.*	Se pietoso amor tu sei.		2	50
3.	—	Pensa che quell' altero.		2	50
4.	—	Son Didone abandonata.		3	75

COSI FAN TUTTE.

MOZART.

				fr.	c.
N° 1.	*Duetto* (S. S.).	Ah! guarda sorella.		3	
2.	— (T. T.).	Al fatto dan legge.		2	
3.	*Scena.*	Ah! scostati.		3	
4.	*Aria* (T.).	Un aurora amorosa.		2	
5.	*Duetto* (S.S.).	Perdero quel brunetino.		3	75
6.	— (T.T.).	Secondate aurette.		2	
7.	— (S. T.).	Il core vidono.		3	75
8.	*Scena e rondo.*	Ei parte senti, ah no.		3	75
9.	*Aria* (B.).	Done mi la fate.		2	50
10.	*Cavatina.*	In qual fiero contrasto.		2	50
11.	*Duetto* (S. T.).	Fra gli amplessi.		3	75

CROCIATO (IL) IN EGITTO.

MEYERBEER.

				fr.	c.
N° 1.	*Coro con ballo.*	Di baci amorosi.	1743.	3	60
3.	*Cavatina.*	Palpito dolente sposa.	1745.	4	50
5.	*Duetto.*	Non v'è per noi.	1744.	3	75
9.	*Scena e grand duetto.*	L'angustia mia questa.	1746.	5	
10.	*Scena.* *Romanza.* *Trio.*	D'Armando d'Orville? Giovinetto cavalier. Tuto armata alei.	1747.	6	
10 (*bis*).	*Romanza.*	Giovinetto cavalier.	1747.	2	
16.	*Coro die congiurati.*	Nel silenzio fra l'orror.	1817.	3	75
17.	*Quartetto.*	O cielo clemente!	1816.	4	50
18.	*Scena ed inno di morte.*	Tutto è finito.	1749.	4	50
21.	*Duetto fin.* (S. S).	Ravvisa quai alma.	1750.	4	50

DUE BARONI.

CIMAROSA.

				fr.	c.
N° 1.	*Duetto.*	Rieda la pace in seno.		5	
2.	—	Ha un occhio.		5	
3.	*Cavatina.*	Questa grata auretta.		2	
4.	*Aria.*	Nel cor mi sento.		2	50
5.	*Quartetto.*	Diro, diro vorrei.		4	50
7.	*Aria.*	Ah! si tu miri quanto.		3	

				fr.	c.
10.	*Duetto.*	Con quelle tu manine.		4	50
11.	*Aria.*	Della pace un dolce.		3	
12.	*Quartetto.*	Venite avanti.		6	
13.	*Aria con recitat.*	Infelice ch' io sono.		4	50

ELISA E CLAUDIO.

MERCADANTE.

				fr.	c.
N° 2.	*Duetto* (T. B.).	E lia ver.	1636.	4	50
13.	— (S. B.).	Se un instante.	1637.	3	75

FANATICO IN BELINA.

				fr.	c.
	Aria.	Questo tenero mio.		3	75

GAZZA LADRA (LA).

				fr.	c.
N° 2.	*Cavatina* (S.).	Di piacer mi balza il cor.	1511.	3	50
5.	— (T.).	Vieni frà queste braccia.	1510.	4	50

GRISELDA (LA).

PAER.

				fr.	c.
N° 1.	*Duetto.*	L' augel che sta sul nido.		3	75
2.	*Aria.*	Fedel sincera.		3	50
3.	—	Alci che adoro.		2	
4.	*Duetto.*	Vederlo sol bramo.		3	75
5.	*Cavatina.*	Voi d'amante o dolci.		2	
6.	*Aria.*	Voi pur soste o care.		3	
7.	*Polacca.*	Io non bado al volto.		3	

MATRIMONIO SEGRETO (IL).

CIMAROSA.

				fr.	c.
N° 1.	*Duetto* (B. B.).	Se fiato.	474.	4	50
2.	*Aria.* (T.).	Priache spunti.	474.	3	
3.	*Duetto* (S. T.).	Deh! ti conforta o cara.	474.	2	50
4.	— (S. T.).	Cara, cara, cara non.	474.	3	75
5.	*Trio* (S. S. S.).	Le facio un inchino.	474.	5	
6.	*Aria* (S.).	Perdonate, signor mio.	474.	3	
7.	*Trio* (S. C. B.).	Cosa farete via.	474.	5	
8.	*Duetto* (T. B.).	Signor, deh! permettete.	474.	3	50

MODISTA RAGGIRATRICE.

PAESIELLO.

				fr.	c.
N° 2.	*Aria.*	Donne mie conchi.		1	50
3.	—	Amor che dite ovostro.		2	50
4.	—	Io son capriciosa.		2	50
6.	*Duetto.*	Ah! questo istante.		3	60
7.	*Aria.*	Cara son tutto vostro.		2	50

MOLINARA (LA).

PAESIELLO.

				fr.	c.
N° 3.	*Cavatina* (S.).	La Rachelina.		1	50

MOSÈ IN EGITTO.

ROSSINI.

				fr.	c.
N° 1.	*Duetto* (S. S.).	Tutto mi ride in torno.	1589.	2	50
2.	*Preghiera.*	Dal tuo stellato soglio.	1603.	3	
3.	*Duetto* (S.T.).	Ah! se puoi così.	1591.	3	75
4.	*Quartetto.*	Mi manca la voce.	1592.	3	
5.	*Duetto* (S.T.).	Parlar spiegar vorrei.	1593.	3	50

NEMICI GENEROSI.

CIMAROSA.

				fr.	c.
N° 2.	*Aria* (S.)	Fanciulla sventurata		2	

NITOCRI.

MERCADANTE.

				fr.	c.
N° 2.	*Scena e cavat.* (C.)	Se m'abbandoni	2528.	3	75

NOZZE DI FIGARO.

MOZART.

				fr.	c.
N° 1.	*Duetto*	Cinque, dieci, venti	809.	2	50
2.	—	Se a casa madama	809.	3	
3.	*Aria*	Se vuol ballare signor	809.	2	
4.	—	La vendetta, oh! la vendetta!		3	
5.	*Duetto*	Via resti servita	141.	6	
6.	*Aria*	Non so più cosa	809.	3	
7.	— (S.)	Voi che sapete	809.	2	
8.	*Duetto*	Aprite presto	809.	2	50
9.	— (S. S.)	Sull' aria che soave	809.	2	
10.	*Aria* (B.)	Non più andrai		3	
11.	*Duetto* (S. B.)	Crudel perche		2	50
12.	*Scena e aria*	Ah! quanti affetti!		3	75

OTELLO.

ROSSINI.

				fr.	c.
N° 1.	*Romanza* (S.)	Assisa al piè d'un salice	1495.	4	50
2.	*Duetto* (S. S.)	Vorrei che il tuo pensiero	1419.	2	50
3.	*Cavatina* (S.)	Mura infelice	1616.	4	50

PAZZO PER LA MUSICA (IL).

MAYER.

				fr.	c.
N° 1.	*Cavatina* (S.)	Tu di quest' anima	2180.	2	50

PIRATA (IL).

BELLINI.

				fr.	c.
N° 5.	*Recit. e duo* (S.T.)	Perchè cotanto io prendo	2828.	5	
11.	*Scena e aria* (C.)	Ebben si aduni	2829.	4	50

PRETENDENTE BURLATO (IL).

GUGLIELMI.

				fr.	c.
N° 3.	*Cavatina* (T.)	Fra tante angoscie (*air de Carafa*)	1508.	3	

PRINCIPE DI TARENTO (IL).

PAER.

				fr.	c.
N° 1.	*Duetto*	Per che mai sposina		1	80
2.	*Cavatina*	L'onda placida		1	50
3.	—	Dove sei don sesto		1	80
4.	—	Da mille incerti		1	50
5.	—	Dacche vide empostorello		1	50
6.	*Duetto* (S. B.)	Vaga fravola odorosa (*duo del Cimarosa*)		3	60
7.	*Aria*	Sola vendetta spira		2	50
8.	—	Questo dubbio crudele		2	40

RICCIARDO E ZORAIDE.

ROSSINI.

				fr.	c.
N° 4.	*Duetto* (S. C.)	In van tu fingi	1584.	4	50
11.	— (S. T.)	Ricciardo che veggo	1676.	5	

ROMEO E GIULIETTA.

ZINGARELLI.

				fr.	c.
N° 3.	*Duetto* (S. S.)	Dunque mio bene	1618.	2	50

ROMEO E GIULIETTA.

CRESCENTINI.

				fr.	c.
N° 3.	*Scena e aria*	Ombra adorata	1617.	3	

SARGINO.

PAER.

				fr.	c.
	Duetto, dit *la Leçon de chant*	Voi non vedeste mai	1496.	4	50

SEMIRAMIDE.

ROSSINI.

				fr.	c.
N° 5.	*Duetto* (C. B.)	Bella imago	1646.	4	50

SERVA INNAMORATA (LA).

PAESIELLO.

				fr.	c.
	Duetto	Confusa smarita		3	60

SERVA INNAMORATA (LA).

GUGLIELMI.

				fr.	c.
* N° 1.	*Cavatina* (T.)	Quegli affetti lusinghieri		2	
* 5.	*Aria* (S.)	Dolce lusinga		3	

SIGISMONDO.

ROSSINI.

				fr.	c.
	Duetto (S. C.)	Se ricuso i doni tuoi	1645.	3	75

STRANIERA (LA).

BELLINI.

				fr.	c.
N° 3.	*Scena e romanza*	Sventurato il cor che fida	2572.	2	50
12.	— *e aria*	Ah! se non m'ami più	2571.	5	
14.	— —	Che fur vuoi tu?	2573.	5	
15.	*Aria e finale*	Sono all' ara	2575.	6	

TANCREDI.

ROSSINI.

				fr.	c.
	Sc. e duet. (C.T.)	Ah! se de mali miei	1509.	3	75
	Scena e cav. (C.)	O patria dolce e ingrata!	1512.	3	
	— — —	Oh sospirato Lido!	1741.	3	50

TURCO IN ITALIA (IL).

ROSSINI.

				fr.	c.
N° 5.	*Cavatina* (T.)	Languir per una bella	1502.	3	50
9.	*Duetto* (T. B.)	Zitto, Zitto, piano, piano	1503.	3	50
11.	— (B. B.)	D'un bell' uso di Turchia	1504.	5	

VIRTUOSI AMBULANTI.

FIORAVANTI.

		fr.	c.
* N° 2. *Canzonnetta* (T.).	No non voglio.	1	50
* 6. *Duetto* (S. S.).	Miei signori.	3	50
* 10. — —	Già la notte.	3	
* 11. *Scena e aria* (B.).	Ah! sfogia!	3	50

ZELMIRA.

ROSSINI.

Duettino (S. C.).	Perchè mi guardi e piangi. . . . 1583.	3	75
— — — — — —	(avec acc. de flûte ou violon). . . . . . . 1583.	4	50
— (T. B.).	In estasi di gioja. . . . . . . 1585.	4	50

ZINGARI IN FIERA.

PAESIELLO.

N° 1. *Duetto* (S. B.).	Pandolfetto grasiosetto.	2	50
2. *Aria* (B.).	Sei morelli e quattro bai (*air de Cimarosa*).	3	60
3. —	Sospiro e mi vergogno.	2	50
4. *Cavatina* (S.).	Chi vuol la zingarella.	2	

AIRS ET DUOS ITALIENS,

AVEC ACCOMPAGNEMENT DE PIANO.

AZIOLI (B.). Collection complète de duos en 12 livraisons.

N° 1.	Sempre saro costante. . . . . 1474.	3	50
2.	Bella nice t'arresta.	3	50
3.	Vorrei che almen per gioco. . . . . . 1476.	3	50
4.	Amare un infedel.	3	50
5.	Sei troppo scaltra.	3	50
6.	Che serena, che placida. . . . . 1480.	3	50
7.	Domando a queste fronde.	3	50
8.	So che pietrà non hai, no. . . . . . . 1482.	3	50
9.	Chio mai vi posso. . . . . 1483.	3	50
10.	Sempre più t'amo.	3	50
11.	Contemplare almen chi s'ama.	3	50
12.	Rendi, amor, la dolce calma.	3	50

Nota. Cette Collection est très soignée, corrigée avec la plus grande attention, le texte est en gros caractères et les parties de chant sont en clef de *sol*.

*** Non giova il sospirar. . . . . *Air*. 2179.	1	50
CAUMONT-DADDE. Trois airs et trois duos.	6	
CRESCENTINI (G.). Six nouvelles ariettes. 1er livre. . . . 2047.	4	50
2e . . . 2048.	4	50
COCCIA. Six duetti. 1er	4	50
2e	4	50
FÉTIS (F.). Deux nocturnes et une canzonetta.	4	50
GUGLIELMI. La mia pastorella. . . . . *Duetto*.	3	50
KALKBRENNER (Fréd.). Alla stagion de' fiori. *Cantate di Metastasio*.	2	40
MARCHAND. La notte non riposo. . . . . *Air*.	2	
MERCADANTE. Pensieri funesti. . . *Recitativo e cavatina*. 2270.	4	
RAOUL. Trois nocturnes.	6	
WEIGL. Ah! nel doverti perdere. . . *Aria con recitativo*. 2271.	4	

Collection pour le Chant

(*en* 60 *cahiers*),

DÉDIÉE AUX DAMES, et composée d'airs, cavatines, rondes, duos, trios, quatuors, etc., propres à être exécutés dans les salons.

			fr.	c.
1er cahier.	GENERALI.	Nume perdona. Cavatina, *Baccanali di Roma*. . . . . . . 1901.	3	50
2e	OLEGNA. .	Cara fiamma del mio. Duetto, *Indiferenza castigata*. . . . . . 1902.	3	75
3e	GOSSEC. . .	Doux repos, innocente paix. *Scène de Thésée*.	3	
4e	MAYER. . .	Cedi al destin Medea. Duetto, *Medea in Corinto*. . . . . 1904.	4	50
5e	OLOGNA. .	Compatiscc signor mio. Arietta, *Indiferenza castigata*.	3	
6e	BENINCORI.	La piété filiale. *Cantate à 2 voix*. 1906.	4	50
7e	NICOLINI. .	Ah! se mi lasci o caro! Aria, *Trajano in Dacia*.	3	
8e	NISREG. . .	Cède à mes vœux, gaité. . . . . *Rondo*.	3	75
9e	ROSSINI. . .	Ricciardo che veggo. Duetto, *Ricciardo e Zoraide*.	5	
10e	GIULIANI. .	Quando sa quel dì. . . . . . *Aria*. Ad altro verdersi in braccia. . . —.	3	
11e	WIDERKEHR.	Il revient mon amant fidèle. *Scène d'Astarbé*.	2	25
12e	JOMMELLI. .	Non mi vedo che larve. Aria, *Asteria*. 1912.	4	50
13e	GOSSEC. . .	Rempli de cette noire image. *Songe de Sabinus*. . . . . 1913.	3	75
14e	MAYER. . .	Non palpitar mia vita. Duetto, *Medea in Corinto*. . . . . 1914.	4	50
15e	OLEGNA. . .	Che giorno di contento. . . . *Rondo*.	3	75
16e	ROSSINI. . .	Assisa al pie d'un salice. Ar. *Otello*. Deh! calma, oh ciel! — — .	3	
17e	NISREG. . . .	Hymne à la nuit. . . . . *Duo*.	2	25
18e	BENINCORI. .	Mi sento un certo male. . . *Cavatina*.	2	50
19e	CARAFA. . . .	Sempre più t'amo. . . . . . *Duetto*.	2	25
20e	BARBIER. . .	Vous qui parcourez cette plaine. *Cavat*.	2	50
21e	AZIOLI. . . .	Il dolor di mie sventure. *Duetto*. 1921.	4	50
22e	OLEGNA. . .	E fasso il dir che uccida. *Cavatina*. . .	2	50
23e	BARBIER DE ST.-PREUX.	Le baiser perdu. *Noct. à 2 voix*. L'heure vient m'annoncer. *Id*. O muse! prends ta douce lyre! *Id*.	3	75
24e	SARTI. . . .	Numi! possenti numi! . . . *Rondo*.	3	75
25e	BENINCORI. .	Il ballo. . . . . *Terzetto*.	7	50
26e	NISREG. . . .	Cet écho qui répète. . . . . . *Scène*.	3	
27e	BLASIS. . . .	Giovinette se belle . . . . . *Cavatina*.	3	50
28e	MAYER. . . .	Per pietà, deh non! . . . . . *Duetto*.	4	
29e	GLUCK. . .	Peut-être d'un injuste effroi. *Air de Narcisse*. O combats! ô désordre extrême! *Id*.	4	
30e	ROSSINI. . .	Di piacer mi balza il cor. . . . Cavatina, *Gazza ladra*. . . . . 1930.	3	75
31e	MAYER. . .	Non tradici mi in questo. . . . *Aria*.	4	
32e	ROSSINI. . . .	Ebben per mia memoria. Duetto, *Gazza ladra*.	4	50
33e	BACH.	Je ne verrai plus ce que j'aime. *Air d'Amadis*.	3	50

fr. c.

34e cahier. LAMBERT. . Mi lagnero tacendo. . . . . *Cavatina*. 3

35e PUCITTA. . . { Luzinghe vole speranza. *Nocturne.* / Dal primo istante. . . . — } . 3 75

36e A. B. . . . Maître des Dieux. Air ajouté au *Jugement de Midas*. 4

37e GENERALI. Taci, non hai difesa. . . . . . *Duetto*. 3 75

38e BENINCORI. Pensa nel tuo dolor. Scena, *Oratorio di Gios*. 4

39e ROSSINI. . { Tutto mi ride intorno. Duettino, *Mosè in Egitto*. . . . . / Qual gel di morte. *Id.* } . 4

40e GRESS *** Tendres erreurs de l'inconstance. *Air*. 3 75

41e OLEGNA. . . Come lasciar poss' io. Cavatina, *Costanza coronata*. 3 50

42e MAYER. . . . Io ti lasciai pianguede. Aria, *Medea in Corinto*. 3

43e ROSSINI. . . Ah! come mai non senti. Aria, *Otello*. 3

44e — Questo cor ti giura amore. Duet., — . 3 75

45e *** Oui ces lieux, nos yeux. Rondo des *Époux indiscrets*. 3 75

46e ROSSINI. . . { T'abbraccio, ti stringo. Cavatina, *Elisabetta*. . . . . / Bell' alme generose. *Id.* } . 3

47e FARINELLI. Al mio dolce, e vivo ardore. *Duetto*. 1947. 4 50

48e RIGHINI. . { Placida zeffiretto. . . . . . *Aria*. / Or che il cielo. — } . 3

49e FARINELLI. Ecco a voi di pace il segno . — . . . 3

50e NASOLINI. . . Il tuo destin ingrata. Duetto, *Mitridate*. 4

51e MAYER. . . Per che tardi amato sposo. *Cavatina*. . . 3

52e RIGHINI. . { Aure amiche. . . . . *Aria*. / Per nel sonno almen. — } . 3

53e WIDERKER. Il est donc accompli, ce noir pressentiment. . . . . *Scène*. 4 50

54e BENINCORI. O bonheur! ô lien charmant! Duo des *Époux indiscrets*. 4

55e RIGHINI. . { Vorrei di te fidarmi. . . . . *Aria*. / Mi lignero tacendo. — / Se amor l'abandonna. — } . 3 75

56e MORONI. . { Sei troppo scaltra. — / Vorrei che alma. 1956. — } . 2 25

57e { BENINCORI. Non vedi tiranno. — / CARAFA. . . Ombra che a me d'intorno. — } . 3 75

58e WIDERKER. Cruel auteur des troubles. . . *Cantate*. 5 50

59e BENINCORI. { Povero cor tu palpiti. . . *Cavatina*. / O fa che m'ami. — } . 3 75

60e *** Amour, redoutable vainqueur. Air d'*Ajax*. 4

ROMANCES EN RECUEILS.

A. L***. Trois romances. 4 50

ADRIEN (aîné). Cinquième recueil. 5

BARTEL (J.). Premier — 4 50

BAYLE (T.). Trois nocturnes à 2 voix. 5

BEAUCOURT. Six romances. 4 50

BLANGINI. Premier recueil. 6

— Deuxième — 6

BLAZE. Premier — 4 50

— Troisième — 3

fr. c.

CARULLI (F.). Trois romances. 4 50

CORNU. Troisième recueil. 4 50

— Sixième — 3

— Trois romances. 4 50

DALVIMARE. Premier recueil. 4 50

— Quatrième — 6

SAINT-LEU (Duchesse DE). Premier recueil, composé de 12 romances. 18

— Deuxième — — — 18

DUCHAMBGE. Six romances. 9

— Cinq romances et une walse. 9

DUTEIL. Sixième et septième recueils. Chaque. 4 50

ESTOURMEL. Premier recueil. 3 50

FERRARI. Premier et deuxième recueils. Chaque. 4 50

GARAT (F.). Neuvième recueil. 895. 6

GIANELLA. Six romances. 6

HERDLISKA. Quatre — 6

— Trois chansons de table. 4 50

LAMBERT. Deuxième recueil. 4 50

LECHALLIER. Deux romances. 2 50

— — nocturnes. 3 75

MAZAS. Trois romances. 4 50

PIIS. Premier recueil. 4 50

PLANTADE. Six romances. 6

PLEYEL (Camille). Le Pont de la Veuve, trois nocturnes à 2 voix. 3

RAOUL. Airs et romances. 3 50

ROUCOURT. Six romances. 6

TOLLET. Troisième recueil. 4 50

— Cinquième — 4 50

TRIAL. Premier — 3 75

WACHER. Quinzième — 3 75

ROMANCES DÉTACHÉES

AVEC ACCOMPAGNEMENT DE PIANO.

F. . . . Bergère (la) et le chasseur. . . . . *Couplets*. 1 50

UN VÉNITIEN. Brise du matin (la). *Barcarolle*, avec acc. de piano par Karr. 2855. 2

A. M. . . Le Fard, ou la vieille coquette à son miroir. *Romance*. 877. 1 50

LE PÈRE LUSTUCRU. Mère Michel (la). *Scène héroïque*. 2703. 2

M***. Orage (l'). . . . . *Romance*. 2378. 2

*** Roi (le) et la Bergère . . . . — 2377. 2

MOI-MÊME. Suite des amours de Chauvin. . . *Chansonnette*. 49. 2

*** Vive Henri IV. 1 50

ADAM (Ad.). Douce patrie. *Boléro* de l'*Espionne*. . . . 2567. 2 50

ALERME (Eugène). Le Revenant. . . . . *Ballade*. 2

BARTEL (J.). Besoin d'aimer (le). . . . . *Romance*. 1 50

— Conseils (les). . . . . — . . 1 50

— Loin d'elle et près d'elle. . . . . — . . 1 50

— Troubadour (le). . . . . — . . 1 50

BAUDIOT (Ch.). Charles VII à Jumièges. . . . *Romance*. 4. B. 2

— Elle n'était pas là. . . . . — 2376. 2

— Histoire de l'Amour (l'). . . . . *Chansonnette*. 5. B. 2

— Mais c'est ainsi que je veux être aimée. *Romance*. 2375. 2

— Stances. . . . . 6. B. 2

— Tu ne sais pas que je t'aime. . . . . *Romance*. 2

fr. c.

*BAYLE (Th.). Albert de Novalaise. . . . . *Romance.* 1 50
— Attente (l'). . . . . *Romance.* 2656. 2
— Cabriolets (les). . . . . *Chansonnette.* 2496. 2
— Chansonnette morale. 2636. 1 50
— Chaumière (la). . . . . *Romance.* 1 50
— Crainte (la) et le tourment. . . . . *Romance.* 2661. 2
— Embarras du choix (l'). . . . . *Chansonnette.* 2439. 2
— Gabrielle et Henri. . . . . *Romance.* 1 50
— Il va parler. . . . . *Romance.* 2476. 2
— Je l'ai perdue. . . . . — 2
— Je t'aime encore. . . . . — 2438. 2
— Me croirez-vous? . . . . — . . . 1 50
— Mes seules amours. . . . . —. 2794. 2
— Paul enrichi. . . . . *Chansonnette.* 2495. 2
— Pêcheur (le). . . . . *Romance.* 2461. 2
— Pont des Arts (le). . . . . . *Chansonnette.* 2657. 2
— Prière de l'orpheline (la), avec acc. de hautbois (*ad lib.*). 2655. 2
— Prisonnier (le). . . . . *Romance.* 2564. 2
— Que veut-il dire? . . . . — 2662. 2
— Qu'on est heureux de n'avoir pas le sou. *Chansonnette.* 2561. 2
— Rêverie (la). . . . . *Nocturne à 2 voix.* 2709. 2
— Rose. . . . . *Romance.* 2475. 2
— Sommeil de Julien (le). . . . . . . — 2477. 2
— Tempête (la). . . . . . . *Romance imitative.* 2440. 2
— Voyageurs (les). . . . . *Barcarolle.* 2712. 2
— Vrai bonheur (le). . . . . *Romance.* 1 50
— Voilà ce que c'est que la vie. . . *Chansonnette.* 2637. 2

BERTON (fils). Commencement du voyage (le). . . *Chanson.* 890. 2
— Il n'est plus temps. . . . . . . *Chansonnette.* 2143. 2
— Ma Lisette, quittons-nous. . . . — 863. 2
— Petit ramoneur (le). . . . . *Nocturne à 2 voix.* 897. 2
— Que le jour me dure. . . . . — — 1309. 2

BIZOT (Léon). Advienne que voudra demain. *Chanson* extraite de légendes françaises. 2716. 2
— Couplets chantés dans l'*Espionne russe*. . . . 2646. 2
— Églée. . . . . *Romance.* 2402. 2
— Galère Capitane (la). *Chanson* des *Pirates*, avec violon obligé. 2715. 3
— Je n'en suis plus à mon premier amour. *Romance.* 2639. 1 50
— Je ne puis plus aimer et je ne puis mourir. *Romance.* 2424. 2
— Joyeux frère (le). . . *Chanson* tirée d'*Ivanhoé.* 2408. 2
— Ronde à une, deux ou trois voix à volonté. . . 2638. 2
— Tous nos braves sont endormis. *Romance* de Walter-Scott. 2423. 2
— Tu vas mourir, *par le même*. 2409. 2

BLANCHET (Mlle). Marguerite (la). . . . . *Chansonnette.* 321. 1 50
— Regrets (les). . . . . *Romance.* 323. 1 50

BRUGUIÈRE (Ed.). Elle est là qui dort. . . . . . — 2873. 2
— Fiez-vous donc au lendemain. . . *Chansonnette.* 275. 2
— Plainte (la). . . . . *Romance.* 226. 2
— Vrai Marin (le). . . . . *Chansonnette.* 276. 2
*— Sélimour. . . . . — 1 50

CARDON (F.). Inquiétude (l'). . . . . *Romance.* 2

CHAMOIN (Mlle). Je pense à lui. . . . . — . 1 50

fr. c.

D'HATENTOT (V.). Arracheur de dents (l'). *Folie-parade.* 2765. 2
— Étudiant en médecine (l'). . . . *Chansonnette.* 2768. 2
— Oiseaux (les). . . . . *Romance.* 2
— Sire de Creully (le). . . . . *Ballade.* 2

DESMARETS. Malvina. . . . . *Romance.* 2

DUCHAMBGE (P.). Abandon (l'). . . . . *Romance.* 2188. 1 50
— Abencérage (l'). . . . . — 2312. 2
— Adieu donc mon pays! . . . . — 2043. 2
— Adieu, Madeleine. . . . . — 2783. 2
— Ame du Purgatoire (l'). . . . . . . *Lamento.* 2548. 2
— A mon ange gardien. . . . *Romance* (2e édit.). 2689. 2
— Ange (l') et le Rameau. . . — 2187. 2
— A qui pense-t-il? . . . . . — 2805. 2
— Au revoir, jamais adieu. . . *Nocturne à 2 voix.* 2190. 2
— Aveu d'une femme (l'). . . . . . *Romance.* 2189.
— Avez-vous oublié que vous ne l'aimez plus? *Stances* de Boileau. 2470
— Bal (le). . . . . *Romance.* 2550.
— Batelière (la). . . . . — 2314. 2
— Béarnais (le). . . . . — 2273.
— Billet (le). . . . . — 2191. 1 50
— Blanche Maison (la). . . . . — 2806. 2
— Blanchisseuse de fin (la). . . . . *Chansonnette.* 2846. 2
— Bon Génie (le). . . . . *Romance.* 2738. 2
— Bouquet de bal (le). . . . *Romance* (2e édit.). 2769. 2
— Brigantine (la). . . . . *Ballade.* 2192. 2
— Capitaine (le). . . . . *Chansonnette.* 2736. 2
— Celle qui ne rit pas. . . . . *Romance.* 2275. 1 50
— Ce n'est pas moi. . . . . — 2274. 1 50
— C'est elle. . . . . — 2276. 1 50
— C'est moi. . . . . — 2239. 1 50
— Chambre de la Châtelaine (la). . . . — 2344. 2
— Chanson du fou à un passant. 2493. 2
— Chant de Clémence Isaure. . . . . *Romance.* 1980. 2
— Comment pourrais-je t'oublier? . . . — 2277. 1 50
— Comte Roger (le). . . *Ballade* de Victor Hugo. 2552. 2
— Consolation (la). . . . . . *Letrille espagnole.* 2690. 2
— Couplets chantés dans la Seconde Année. . . 2788. 1 50
— Depuis. . . . . *Romance.* 2366. 1 50
— Deux Pensées (les). . . . . — 2737. 2
— Écho (l'). . . . . — 2890. 1 50
— Encore à toi. . . . *Romance* de Victor Hugo. 2782. 1 50
— Enfant du Héros (l'). . . . . *Romance.* 2313. 2
— Espoir des Matelots (l'). . . . . . — 2338. 2
— Étoile (l'). . . . *Romance* trad. de l'allemand. 2278. 2
— Étrangère (l'). . . . . *Romance.* 2742. 2
— Fiancée du Marin (la). . . . . . . — 2279. 2
— Fiancée du Soldat (la). *Ballade-chansonnette.* 2841. 2
— Fleur des Tombeaux (la). . . . . . *Romance.* 2315. 2
— Gondolier (le). *Barcarolle* de Casimir Delavigne. 2691. 2
— Hier. . . . . *Romance.* 2340. 1 50
— Hirondelles (les). . . . . — 2280. 2
— Il a demandé l'heure. . . . . . . *Tyrolienne.* 2654. 2
— Incertitude (l'). . . . . *Romance.* 2547. 2
— Infidèle (l'). . . . . — 1981. 2
— Il m'attend. . . . . — 2295. 2
— J'ai peur. . . . . — 2292. 1 50
— Jalousie (la). . . . . — 2290. 1 50
— Je crois que vous l'aimez encore. . . — 2289. 1 50

				fr.	c.
Duchambge.	Je l'ai vu!	*Romance.*	1984.	1	50
—	Je m'ennuie.	—	2492.	2	
—	Je ne t'aime plus.	—	2293.	1	50
—	Je ne veux plus.	—	2294.	1	50
—	Je ne veux plus boire.	*Chanson.*	2042.	2	
—	Je pense à lui.	*Romance.*	2843.	2	
—	Jeune Châtelaine (la).	*Romance.*	2291.	2	
—	Jeune Mendiante (la).	—	2486.	2	
—	Lido.	*Stances* de Casimir Delavigne.	2288.	1	50
—	Luth espagnol (le).	*Boléro.*	2392.	2	
—	Matelot (le).	*Romance.*	2287.	2	
—	Malheur à moi.	—	2763.	2	
—	Marie.	—	2044.	2	
—	Mélodie (Dixième) de Thomas Moore.		2692.	2	
—	Minuit.	*Nocturne à 2 voix.*	2041.	1	50
—	Mon ami.	*Romance.*	2694.	2	
—	Nanna m'appelle.	*Ballade* de Casimir Delavigne.	2549.	2	
—	Ne m'aimez pas.	*Romance.*	2045.	1	50
—	Noéma.	—	2734.	2	
—	Non, tu ne m'aimes plus.	—	2784.	2	
—	Notre-Dame d'Amour.	—	2330.	2	
—	Olivier.	—	2285 (*bis*).	1	50
—	Ondes (les).	—	2735.	2	
—	On n'aime bien qu'en France.	—	2285.	1	50
—	Orage (l').	—	2785.	2	
—	Oraison (l').	*Prière.*	2460.	2	
—	Partons.	*Romance.*	2485.	2	
—	Paysanne (la) et le Soldat.	*Romance dialoguée.*	2365.	2	50
—	Pêcheur (le).	*Barcarolle à une ou deux voix.*	2284.	2	
—	Pêcheur (le) de Sorrente.	*Romance.*	2807.	2	
—	Pèlerinage (le).	—	2281.	1	50
—	Pierre.	*Nocturne à 2 voix.*	2283.	1	50
—	Pilote (le).	*Barcarolle.*	2282.	2	
—	Prière (la) pour le Roi.		2815.	1	50
—	Prisonnier (le) de guerre.	*Romance.*	2764.	2	
—	Promise (la) du Poitou.	—	2739.	2	
—	Qu'elle est triste!	—	2884.	2	
—	Regrets (les).	—	2663.	2	
—	Reine (la).	—	2551.	2	
—	Rêve (le).	—	2791.	1	50
—	Réveil (le).	—	2297.	1	50
—	Rives (les) de l'Adour.	—	2653.	2	
—	Romance de Desportes.		2296.	1	50
—	Sans l'oublier.	*Romance.*	2301.	1	50
—	Saison (la) d'amour, en *sol.*	*Nocturne à 2 voix.*	2302.	2	
—	— — — en *si* bémol.	— —	2515.	2	
—	Secret (le).	*Romance.*	1983.	1	50
—	Séparation (la).	—	2299.	1	50
—	Sermens (les).	—	2298.	1	50
—	Si j'étais aimée!	—	2886.	2	
—	Si tu m'aimes, trompe-moi.	—	2743.	2	
—	Sois heureux! je t'oublie.	—	2482.	1	50
—	Son cœur saura bien me comprendre.	—	2740.	2	
—	Souvenir (le).	—	2303.	1	50
—	Sur la montagne.	—	2300.	2	
—	Temps (le) se fait des ailes.	—	2834.	2	
—	Te voilà grande.	—	2307.	1	50
—	Tircis.	*Complainte.*	2305.	1	50
—	Toi.	*Romance.*	2304.	1	50

				fr.	c.
Duchambge.	Tu ne saurais m'oublier.	*Romance.*	2306.	1	50
—	Tristesse.	—	2888.	2	
—	Une violette.	—	2308.	1	50
—	Un moment.	—	1985.	1	50
—	Un soir d'août.	—	2529.	2	
—	Un songe, paroles imitées de Lewis.	—	2578.	2	
—	Vaut mieux mourir.	—	2310.	1	50
—	Vénitien (le).	*Barcarolle.*	1982.	2	
—	Viens à moi.	*Romance.*	2309.	1	50
—	Voilà comme il m'aimait.	—	2338.	1	50
—	Voix (la).	—	2741.	2	
—	Voyage (le).	—	2786.	2	
Duchesse de Saint-Leu.	Ame (l') du Purgatoire.	*Ballade.*	29. F.	2	
—	Brigantine (la).	*Ballade.*	37.	2	
—	C'est bien la plus belle de France.	*Ballade.*	28. G.	2	
—	Chien du régiment (le).	*Romance.*	29. D.	2	
—	Cosaque (le).	—	28. J.	2	
—	Dis-moi, Nanette.	*Romance à une ou 2 voix.*	29. G.	2	
—	Du Guesclin.	*Romance.*	28. C.	2	
—	Elvire.	—	28. I.	2	
—	Fuyez loin de ces bords.	*Romance à 4 voix.*	28. H.	2	
—	Gentil berger.	*Romance.*	28. D.	2	
—	Jeanne d'Arc.	—	29. E.	2	
—	Je n'ai que mon cœur à donner.	—	28. E.	2	
—	Je ne connais pas mon époux.	—	28. B.	2	
—	M'oublieras-tu?	—	28. K.	2	
—	Ombre d'Anacréon (l').	—	28. A.	2	
—	Orage (l').	—	29. B.	2	
—	O Vierge Marie!	*Ballade à 4 voix.*	28. L.	2	
—	Partant pour la Syrie.	*Romance.*	952. A.	1	50
—	Piétro.	*Ballade.*	29. L.	2	
—	Plus n'aimerai.	*Romance.*	29. H.	2	
—	Pour toujours.	—	28. F.	2	
—	Preux de Charlemagne (les).	—	29. C.	2	
—	Prisonnier (le).	*Romance à une ou deux voix.*	29. K.	2	
—	Quand je vous vois.	*Romance.*	29. A.	2	
—	Quelle est cette femme éplorée?	—	29. J.	2	
—	Reine Berthe (la).	—	29. I.	2	
—	Reposez-vous, bon chevalier.	—	952. B.	1	50
—	Vieux Drapeau (le).	*Chanson.*	2813.	1	50
Duvernoy (J.-B.).	Tendre baiser.	*Romance.*		2	
Étienne.	Comte Guy (le).	*Barcarolle* de Walter-Scott.	2455.	2	
—	Naïs.	*Couplets anacréontiques.*	2454.	2	
—	Rendez-vous (le).		2194.	2	
—	Signes d'amour (les).	*Couplets.*		2	
—	Soir (le).	*Romance.*		2	
—	Vogue, nauf légère.	*Ballade.*	2456.	2	
Fléché.	Dans ces beaux lieux.	*Romance.*	590.	1	50
—	Le mal inconnu.	*Nocturne à une ou deux voix.*	590.	1	50
Gasse (H.).	Prisonnier de guerre (le).	*Chansonnette.*	2471.	2	
—	Seize ans.	*Romance.*		2	
Gatayes.	Général Foy (le).	*Chant funèbre.*		2	
—	Oui, je te fuis.	*Romance.*	2558.	1	50
Georgeon.	Ah! si j'osais!	—	2748.	2	
—	Bon Chevalier (le).	*Chanson.*	2524.	2	
—	Départ de Gervais (le).	*Romance.*	2450.	2	
—	Glaneuse (la).	—	2448.	2	
—	Insulaire (l').	*Romance pour moi!*	2449.	2	
—	Mais on file, file à soixante ans.	*Chanson.*	2523.	2	
—	Nemours.	*Romance.*	2451.	2	

	fr.	c.
GEORGEON. Tablettes de Phédora (les). — 2747.	2	
— Une mère est si chère. — 2453.	2	
— Zulima. — 2452.	2	
GOULÉ. Aveux (les). —	1	50
GRAST (F.). Adieux (les). — 2508.	2	
— Aimons, aimons. *Tyrolienne à 2 voix.* 2512.	3	
— Automne (l'). *Nocturne à 2 voix.* 2507.	2	
— Départ (le). *Romance.* 2510.	2	
— Invocation à l'harmonie (l'). *Sérénade à 4 voix.* 2509.	3	75
— Pélerin (le). *Barcarolle* avec flûte ou violon, ou bariton obligés. 2565.	2	50
— Le même, pour piano seul. 2511.	2	
— Rions, chantons. *Duo.* 2506.	2	50
HERDLISKA. Ma vie au roi. *Devise des preux.*	1	50
KALKBRENNER (Fréd.). Maniotte (le). *Chanson tirée du grec.*	1	50
— Ronde villageoise.	1	50
LAFONT (P.). C'est une larme. *Romance.* 1357.	1	50
LAGOANÈRE. Bal commence au hameau (le). *Chansonnette.* 2858.	2	
— Elle et moi. *Romance dans le genre espagnol.* 86.	1	50
— Esprit terrible (l'). *Ballade.* 2860.	2	
— Glisse, léger bateau. *Nocturne à 2 voix.* 79.	2	
— Ramène ton bateau. *Romance à 2 voix.* 282.	2	
— Souvenir (le). *Boléro-nocturne à 2 voix.* 2862.	2	
LAMBERT (G.). Délire (le). *Romance* (nouv. édit.). 1991.	1	50
— Espérance (l'). — 1992.	1	50
— Hymne à l'Espérance. 731.	2	
LECHALLIER. Comme la vie. *Romance.*	1	50
— Elle n'est plus. —	1	50
— Il faut encore avoir bon cœur. *Romance.* 2117.	2	
— Je l'attends. —	1	50
— Je ne l'aime plus. —	1	50
— Mélancolie (la). —	1	50
— Orphelin (l'). — 2433.	2	
— Paladin (le). — 2112.	2	
— Plus fort a toujours raison (le). *Chansonnette.* 2114.	1	50
— Quaterne (le). *Romance.*	1	50
— Rien. *Romance.* 2115.	1	50
LECHOPIÉ. Songes (les). — 2761.	2	
LEFÈVRE (Al.). Matin (le). *Nocturne à 2 voix.* 2819.	2	
— Volons à la frontière. *Chant patriotique.* 810.	2	
LIS (Ch.). Pêcheur (le). *Romance.*	1	50
LECOMTE (Louise). Aveu (l'). *Romance.* 2836.	2	
— Bonsoir! — 2838.	2	
NIEDERMEYER. Invocation (l'), 17e méditation poétique de Lamartine. 2457.	3	
— Soir (le), méditation poétique du même. 2458.	3	
PANSERON (Aug.). Aimons, chantons, dansons. *Chansonnette.* 2875.	2	
— La même, arrangée à 2 voix. 2877.	2	
— Forban (le). *Ballade.* 2879.	2	
— La même, arrangée à 4 voix. 2881.	2	50
— J'ai bientôt douze ans. *Chansonnette.* 2870.	2	
— Vous avez pleuré! *Romance.* 2882.	2	
PETIT (Camille). Bonne Vieille (la). —	1	50
— Dévote (la).	1	50
— Cinquante écus de rente (les). *Chansonnette.*	1	50
— Naïs. *Romance.* 2111.	2	
— Tu ne sais pas que je t'aime. —	1	50
PLEYEL (Ignace). Couplets du Drapeau tricolore. 2814.	1	50
PLEYEL (Camille). Bayard dans Bresse. *Romance.*	1	50

	fr.	c.
PLEYEL (Camille). Chant ossianique à 2 voix.	1	50
— Colma, chant ossianique. *Romance.*	1	50
— Départ du Croisé (le). —	1	50
— Du Guesclin au tombeau de Roland. —	1	50
— J'étais bien jeune encore. *Chansonnette.*	1	50
— Le Soir. *Romance.*	1	50
— Loin de toi. —	1	50
— Premier baiser d'amour (le). —	1	50
— Plus jolie (la). —	1	50
— Regard d'amour (le). *Couplets.*	1	50
— Rendez-vous (le). *Romance.* 1152.	1	50
— Rive enchantée (la). —	1	50
— Tancrède. *Romance à 2 voix.*	1	50
— Tout bas, ou le vrai bonheur. *Romance.*	1	50
— Troubadour ermite (le). *Ballade.*	1	50
— Veuve du soldat (la). *Romance.*	2	
POISSON. Bons numéros de la loterie (les). *Chansonnette.*	2	
— Impatience (l'). *Romance.*	2	
ROPICQUET (A.). Conduis-moi, doux zéphir. *Barcarolle.* 2534.	2	
— Dieu! si l'on m'en faisait autant! *Chansonnette.* 2545.	2	
SCHNEITZHOEFFER. Bergère abandonnée (la). *Romance.* 2688.	2	
THOLLÉ. Amanda. —	1	50
— A toi. —	1	50
— Chanson rustique.	1	50
— Couplets à une jeune fille.	1	50
— Couplets sur l'amitié.	1	50
— Description de l'Opéra. 835.	1	50
— Inconstance (l'). *Romance.*	1	50
— Mes Étrennes. —	1	50
— Mort d'Atala (la). —	1	50
— Porteur d'eau (le). *Air à une ou deux voix.*	1	50
— Prénoms (les). *Chanson.*	1	50
— Romance de Florian.	1	50
— Siége du clocher (le).	1	50
— Un jeune troubadour. *Romance.*	1	50
— Un peu d'amour. —	1	50
— Vaudeville du docteur Gall.	1	50
TOLBECQUE (Ch.). Chaumière Suisse (la). *Ronde.* 2157.	2	
— Galant Sous-Officier (le). *Chansonnette.* 2706.	2	
VALDÈS. Retour du Gondolier (le). 90 (*bis*).	1	50
VERNIER. Bergerette (la). *Romance.* 2542.	2	
— Bouquet (le). — 2543.	2	
— Souvenir (le) et les regrets. — 2541.	2	
VIMEUX (J.). Celui qu'il faut aimer. — 2852.	2	
WACHER. Sympathie (la). — 715.	1	50
WOETS (J.-B.). Attente (l'). —	1	50

AIRS D'OPÉRAS FRANÇAIS

AVEC ACCOMPAGNEMENT DE GUITARE.

ALCADE DE LA VÉGA (L').

GEORGES ONSLOW.

			c.
No 3.	*Cavatine.*	De la nature aimable ouvrage.	75
5.	*Romance.*	Vous qui dans ce séjour tranquille.	75
7.	*Couplets.*	Au travail je dois la richesse. 1742.	75
8 (*bis*).	*Rondo.*	Je suis seul. 1753.	75

ALPHONSE ET LÉONORE.

GRESNICK.

			fr.	c.
Nº 1.	*Rondo*.	Heureux transport.	1	50
2.	*Air*.	Une femme aime la toilette.		75
3.	—	De vous plaindre auriez-vous l'audace?		75
4.	—	L'eau qui fuit est l'image du bonheur.	1	50
5.	*Duo*.	Ce jeune homme a de la figure. . . .		75
6.	—	C'est une femme impérieuse.	1	50
7.	*Final*.	Vous le voyez, ô ma chère!		75

BION.

MÉHUL.

			fr.	c.
Nº 1.	*Couplets*.	Amour, le monde est ton domaine.		75
2.	*Duo*.	Ah! mon ami!	1	50
3.	*Air*.	Puisque votre amitié suffit.	2	50
4.	*Rondo*.	Je suis seul.	2	50

COLPORTEUR (LE).

GEORGES ONSLOW.

			fr.	c.
Nº 1.	*Introduction*. . .	Holà! garçons, soldats! . . . . 2236.	3	60
2.	*Air*.	Redoutez ma juste furie.	2	25
3.	*Duo et trio*. . . .	Ah! depuis mon jeune âge!	3	75
4.	*Duo*.	C'est vous sans doute, capitaine? . . .	2	25
5.	*Couplets*.	Pour des filles si gentilles.	1	50
6.	*Air*.	Ah! depuis le moment!	2	25
7.	*Duo*.	Tous deux sans biens, sans héritage.	3	60
7	(*bis*). *Romance à 2 voix*. . . .	Alexis doit quitter son père. 2241.		75
8.	*Ronde*.	Ah! quand il gèle!	1	50
10.	*Couplets*.	Toujours de mon jeune âge.		75
11.	*Ronde*.	C'est la fête du village.	1	50
12.	*Cavatine*.	Modèle d'innocence. . . . . . 2240.	1	75

COQ DU VILLAGE (LE).

FRÉD. KREUBÉ.

			fr.	c.
Nº 1.	*Romance*.	Aux petits jeux de mon enfance. . .	1	50

EDMOND ET CAROLINE.

FRÉD. KREUBÉ.

			fr.	c.
Nº 2.	*Couplets*.	Il faut l'aimer.	1	50
5.	—	Nice, Alain dans not' village.	1	50
6.	*Air*.	Le ciel, dit-on, dans sa clémence. . .	1	50
7.	*Duo*.	Adieu, séjour calme.	1	50

ENFANS DE MAITRE PIERRE (LES).

FRÉD. KREUBÉ.

			fr.	c.
Nº 1.	*Ronde*.	C'est à la danse du village.		75
2.	*Romance*.	Je chéris ce séjour tranquille.	1	50
3.	*Air*.	Un doute affreux.	2	50
5.	*Romance*.	D'où vient donc ce trouble secret? . .		75
6.	*Couplets*.	Dès le matin à sa toilette.		75
7.	*Duo*.	Rassurez-vous, aimable enfant. . . .	3	
9.	*Air*.	Ils ne reviennent pas.	3	
10.	—	Ah! faites cesser mes alarmes! . . .	2	25

ÉPICURE.

MÉHUL.

			fr.	c.
Nº 2.	*Scène*.	O mes amis! dans ce moment d'orage. 157.	1	50

ESPIONNE (L').

AD. ADAM.

			fr.	c.
	Boléro.	Douce patrie toujours chérie. 2659.	1	50

FAUX MENDIANS (LES).

GRESNICK.

			fr.	c.
Nº 1.	*Air*.	Il n'est pas jour encore.	1	
2.	—	Nous n'avons pas en partage.	1	
3.	—	Vous qui passez dans l'abondance. . .		75
4.	—	Maint écrivain d'un grand talent. . .		75
5.	—	La femme, je le savons bien.		75
6.	*Final*.	Voyez-vous ce parasite.		75

FIORELLA.

AUBER.

			fr.	c.
Nº 1.	*Couplets*.	Heureux climat, beau ciel de l'Italie. 2014.		75
2.	*Duo*.	Vous avez raison, pourquoi des belles. 2015.	2	50
3.	*Air*.	Oh! ce n'est rien encore! . . 2016.	2	25
4.	*Duo et trio*. . . .	Céline est d'illustre origine. 2017.	3	
5.	*Barcarolle*. . . .	Pauvre Napolitain, la mer est belle. 2018.	1	50
6.	*Chœur des pèlerins*.	Dans cet asile solitaire. . . . 2020.	1	75
7.	*Ronde*.	Après la richesse joyeux pèlerin. 2021.		75
8.	*Couplets*.	J'entends et la grêle et la pluie. 2022.		75
9.	*Cavatine*.	Dans la honte qui m'accable. 2023.	1	50
10.	*Duo*.	En vain j'invoque le repos. . . 2024.	3	
11.	*Duo de concert*. .	Je prétends être admis près d'elle. 2025.	3	
12.	*Duo chevaleresq*.	Partez, la gloire vous appelle. 2026.	2	50

IMPROMPTU DE CAMPAGNE (L').

NICOLO.

			fr.	c.
Nº 1.	*Polonaise*.	Ah! quel dommage!	1	50
2.	*Romance et duo*. .	Dans un bois antique.	2	25
3.	*Duo*.	J'aime, j'adore, et pour la vie. . . .	2	25

IRATO (L').

MÉHUL.

			fr.	c.
Nº 1.	*Rondo*.	Promenons-nous. . . . . 399.	1	
2.	*Duo*.	Jurons de les aimer. . . . . . 399.	2	50
3.	*Scène*.	D'un oncle trop colère. . . . . . 399.	2	25
4.	*Air*.	Femme jolie et du bon vin. . . . 399.	1	50
5.	*Couplets*.	Si je perdais mon Isabelle. . . . 399.	1	
6.	*Rondo*.	J'ai de la raison. . . . . 399.	1	50

JEUNE PRUDE (LA).

DALAYRAC.

		fr. c.
N° 1. *Duo.*	Voici comment il s'exprimait.	3
2. *Couplets.*	Ne blâmons point un jeune cœur.	75
3. *Air.*	Ah! de l'amour tel est donc.	1 50
4. *Romance.*	Jusqu'à quinze ans.	1 75

KOULOUF.

DALAYRAC.

N° 2. *Chanson.*	Que le plaisir remplace.	1 50
4. *Romance.*	As-tu perdu la souvenance? . . 752.	75
6. *Duo.*	Trait pour trait.	1
7. *Virelai.*	Oui, vers ma chaumière.	75

LÉOCADIE.

AUBER.

N° 1. *Romance.*	Pour moi dans la nature. 404. A.	1 50
2. *Air.*	Quoi! vous ne devinez pas? 404. B.	2 25
3. *Couplets.*	Voilà trois ans qu'en ce village. 404. C.	75
4. *Duo.*	Non, monseigneur. . . . . 404. D.	2 25
5. *Boléro.*	Je viens de voir notre comtesse. 404. E.	75

MAÇON (LE).

AUBER.

N° 1. *Ronde.*	Bon ouvrier, voici l'aurore. 1721.	1 50
2. *Couplets.*	En sortant d'chez moi. . . . 1731.	75
4. *Duo.*	Je m'en vas, je m'en vas. . . 1722.	4 50
4 (*bis*). *Duettino.*	Ils s'éloignent, mais leur vue. 1723.	1 50
5. *Romance.*	A sa jeune captive. . . . . . 1726.	1 50
6. *Air.*	A chaque instant sur mon passage. 1725.	1 50
7. *Duo.*	Dépêchons, travaillons. . . . 1727.	3 75
8. *Romance.*	Elle va venir. . . . . 1728.	75
9. *Duo.*	Viens, partons. . . . . . . 1733.	3
10. *Air.*	Ah! ah! sur notre hymen. . . 1729.	2 25
11. *Duo.*	Allons encore, madam' Bertrand! 1730.	2 25
12. *Air.*	Oui, ma tête est brûlante. 1732.	2 25

PAVILLON DES FLEURS (LE).

DALAYRAC.

N° 3. *Virelai.*	A l'espérance, Zoraïde.	75
5. *Air.*	D'amour, de joie.	2 25
6. *Duo.*	Charmante Laure.	2 25
7. *Couplets.*	Sur ce rivage. . . . . 128.	75
8. *Romance.*	La colombe fugitive.	75
9. *Duo.*	Mon souvenir.	2 25
10. *Nocturne à 2 voix.*	Du ciel on obtient.	75

PICAROS ET DIÉGO.

DALAYRAC.

N° 1. *Air.*	Fille qui désire. . . . . . 563. A.	1 50
2. *Duo.*	Non mon ami. . . . . . . 563. B.	1 50
3. —	Elle était donc bien séduisante? 563. C.	1 50

PIERRE ET CATHERINE.

AD. ADAM.

		fr. c.
N° 1. *Couplets.*	Dans cet' chaumière est mon trésor. 2615.	1
2. *Duo bouffe.*	Devinez donc ce que je suis. 2616.	3 75
3. *Ronde.*	Pendant une guerre. . . . . 2617.	1
4. *Duo et trio.*	Si je l'étais, une triste grandeur. 2618.	3
4 (*bis*). *Duo seul.*	— — — — 2619.	2
5. *Couplets.*	Celui qui d'un peuple d'esclaves. 2620.	1

TIMIDE (LE).

AUBER.

N° 1. *Trio.*	Des plaisirs de la campagne.	3
2. *Air.*	De mes désirs servant l'impatience.	3
3. *Duo.*	D'abord, en voyant tant de charmes.	3
4. —	Eh bien? quoi? après? pourquoi?	2 50
5. *Romance.*	Auprès d'une femme jolie.	75

UNE FOLIE.

MÉHUL.

N° 1. *Duo.*	Carlin, Carlin. . . . . . . 484. A.	2 50
2. *Air.*	Traçons bien notre plan. . . 484. B.	1
2 (*bis*). *Rondo.*	Si pourtant cet objet charmant. 484. C.	1 50
3. *Romance.*	Je suis encor dans mon printemps. 484. D.	1 50
4. *Air.*	De l'intrigue, ô vastes mystères! 484. E.	2 25
6. —	Reviens, reviens, mon aimable gaîté. 484. F.	1 50
7. — *picard.*	Si jamais je prind femme. 484. G.	2 25

UNE HEURE DE MARIAGE.

DALAYRAC.

N° 1. *Couplets.*	Il m'en souvient.	75
3. *Duo.*	Mais conviens, en dépit.	2 25
4. *Air.*	O vous! qui sans espoir!	1 50
5. *Duo.*	Charmante Élise.	1 50
6. *Romance.*	Serment d'amour.	1

ROMANCES DÉTACHÉES

AVEC ACCOMPAGNEMENT DE GUITARE.

ANONYME. Brise du matin (la). *Barcarolle*, accomp. par Carulli. 2856.	1
ADAM (Ad.). Douce patrie. *Boléro* chanté dans l'*Espionne*. 2659.	1 50
BARTHOLOMÉ. Rose délaissée (la). . . . . *Romance*.	75
BLAZE. Fleurs (les) et mon amie. . . . . — .	75
— Origine des arts (l'). . . . . — .	75
— Portrait d'Elfride. . . . . — .	75

	fr.	c.
Bizot (Léon). Ronde à une, deux ou trois voix à volonté. 2660.	1	
Bruguière (Ed.). Elle est là qui dort. . . . . *Romance.* 2874.	1	
— Fiez-vous donc au lendemain. . . *Chansonnette.* 390.	1	
— Vieux Marin (le). . . . . — 387.	1	
— Plainte (la). . . . . *Romance.* 391.		75
Defrance. Urgando. . . . . *Chanson* de Béranger.		75
Duchambge (P.). Abandon (l'). . . . . *Romance.* 2346.		75
— Abencérage (l'). . . . . — 2359.	1	
— Adieu donc mon pays! . . . . . . — 595.	1	
— Ame du Purgatoire (l'). . . . . . . *Lamento.* 2658.	1	
— A mon ange gardien. . . . . *Romance.* 2801.	1	
— Ange (l') et le rameau. . . . . . . — 2345.	1	
— Au revoir, jamais adieu. *Nocturne à 2 voix.* 2347.	1	
— Batelière (la). . . . . *Romance.* 2348.	1	
— Béarnais (le). . . . . — 2388.	1	
— Billet (le). . . . . — 943		75
— Blanchisseuse de fin (la). . . . *Chansonnette.* 2847.	1	
— Bon Génie (le). . . . . *Romance.* 2752.	1	
— Bouquet de bal (le). . . . . — 2802.	1	
— Brigantine (la). . . . . *Ballade.* 665.	1	
— Capitaine (le). . . . . *Chanson.* 2750.	1	
— Celle qui ne rit pas. . . . . *Romance.* 931.		75
— Ce n'est pas moi. . . . . — 763.		75
— C'est elle. . . . . — 906.		75
— C'est moi. . . . . — 2394.		75
— Chambre de la Châtelaine (la). . . . — 2585.	1	
— Chant de Clémence Isaure. . . . . — 2349.	1	
— Comment pourrais-je t'oublier. . . — 905.		75
— Depuis. . . . . —		75
— Deux pensées (les). . . . . — 2751.	1	
— Enfant du Héros (l'). . . . . — 2350.	1	
— Espoir des Matelots (l'). . . . . . — 2581.	1	
— Étoile (l'). . . . . — 2351.	1	
— Étrangère (l'). . . . . — 2756.	1	
— Fiancée du Marin (la). . . . . . . — 893.		75
— Fiancée du Soldat (la). *Ballade-Chansonnette.* 2842.	1	
— Fleur des Tombeaux (la). . . . . *Romance.* 2390.	1	
— Hirondelles (les). . . . . — 910.	1	
— Infidèle (l'). . . . . — 2395.	1	
— Il m'attend. . . . . — 909.	1	
— J'ai peur. . . . . — 2354.		75
— Jalousie (la). . . . . — 2393.		75
— Je crois que vous l'aimez encor. . . — 2383.		75
— Je l'ai vu! . . . . — 2352.		75
— Je ne t'aime plus. . . . . — 907.		75
— Je ne veux plus. . . . . — 915.		75
— Je ne veux plus boire. . . . . *Chanson.* 591.	1	
— Je pense à lui. . . . . *Romance.* 2844.	1	
— Jeune châtelaine (la). . . . . . . — 908.	1	
— Jeune mendiante (la). . . . . . . — 2584.	1	
— Lido. . . . . . *Séances* de Casimir Delavigne. 2355.		75
— Luth espagnol (le). . . . . *Boléro.* 2586.	1	
— Ma bergère chérie. . . . . *Romance.* 904.		75
— Marie. . . . . — 599.	1	
— Minuit. . . . . *Nocturne à 2 voix.* 690.		75
— Ne m'aimez pas! . . . . *Romance.* 604.		75
— Noéma. . . . . — 2760.	1	
— Notre-Dame-d'Amour. . . . . — 2358.	1	
— Olivier. . . . . — 2385.		75
— On n'aime bien qu'en France. . . . — 2356.		75

	fr.	c.
Duchambge (P.). Partons. . . . . *Romance.* 2582.	1	
— Paysanne (la) et le Soldat. *Romance dialoguée.* 2583.	1	
— Pêcheur (le). *Barcarolle à une ou deux voix.* 2386.	1	
— Pélerinage (le). . . . . *Romance.* 2389.		75
— Pierre. . . . . *Nocturne à 2 voix.* 932.		75
— Pilote (le). . . . . *Barcarolle.* 2357.	1	
— Promise du Poitou (la). . . . . . . *Romance.* 2753.	1	
— Qu'elle est triste! . . . . — 2885.	1	
— Réveil (le). . . . . — 2391.		75
— Romance de Desportes. . . . . . . — 2396.		75
— Sans l'oublier. . . . . — 903.		75
— Saison d'amour (la). . . . *Nocturne à 2 voix.* 942.		75
— Secret (le). . . . . *Romance.* 2397.		75
— Séparation (la). . . . . — 917.		75
— Sermens (les). . . . . — 832.		75
— Si j'étais aimée! . . . . — 2887.	1	
— Si tu m'aimes, trompe-moi. . . . . — 2757.	1	
— Son cœur saura bien me comprendre. — 2754.	1	
— Souvenir (le). . . . . — 944.		75
— Sur la montagne. . . . . — 718.	1	
— Temps (le) se fait des ailes avec notre bonheur. *Rom.* 2835.	1	
— Tircis. . . . . *Complainte.* 887.		75
— Toi. . . . . *Romance.* 850.		75
— Tu ne saurais m'oublier. . . . . . . — 916.		75
— Tristesse. . . . . — 2889.	1	
— Une violette. . . . . — 2384.		75
— Un moment. . . . . — 2387.		75
— Vaut mieux mourir. . . . . — 938.		75
— Vénitien (le). . . . . — 2360.	1	
— Viens à moi. . . . . — 919.		75
— Voix (la). . . . . — 2755.	1	
Étienne. Aveu naïf (l'). . . . . — 2480.	1	
— Comte Guy (le). . . . . *Barcarolle.* 2478.	1	
— Rendez-vous (le). . . . . *Romance.*	1	
— Vogue, nef légère. . . . . *Ballade.* 2479.	1	
Fléché. Dans ces beaux lieux. . . . . *Romance.* 673.		75
— Élixir d'amour. . . . . — 663.		73
— Fugitives (les). . . . . *Barcarolle.* 672.		75
— Mal inconnu (le). . . . . *Romance.* 671.		75
Gassiot. Chaumière (la). . . . . —		75
Gatayes. Oui, je te fuis. . . . . — 2558.		75
— Quoi! pour toujours? . . . . . . *Chant élégiaque.*	1	50
Giehl. Agonisant (l'). . . . . *Nocturne à 2 voix.* 2555.		75
— Je n'aime plus. . . . . *Romance.* 2628.		75
— Jeune mendiante (la). . . . . . . — 2557.		75
— Nouvelle invitation à la walse. . . . . 2556.		75
— O Dieu! protége ma nacelle! . . . . 2563.		75
— Pasteur de village (le). . . . . . . *Pastorale.* 2629.		75
— Petit Savoyard mendiant (le). . . . . *Élégie.* 2627.		75
— Prisonnier (le) et les Oiseaux. . . . *Romance.* 2562.		75
Goulé. Aveux (les). . . . . —		75
— Console-moi, divine mélodie. . . . —		75
Grast (F.). Adieux (les). . . . . — 2513.	1	
— Aimons, aimons. . . . *Tyrolienne à 2 voix.* 2443.	1	50
— Automne (l'). . . . . . *Nocturne à 2 voix.* 2504.	1	
— Départ (le). . . . . *Romance.* 2514.	1	
— Pélerin (le). . . . . *Barcarolle.* 2444.	1	
— Rions, chantons. . . . . *Duo.* 2445.	2	

	fr.	c.
LAFONT (P.). C'est une larme. . . . . *Romance*.		75
LAGOANÈRE. Bal commence au hameau (le). *Chansonnette*. 2859.	1	
— Esprit terrible (l'). . . . . *Ballade*. 2861.	1	
— Souvenir (le). . . . . *Boléro-nocturne*. 2363.	1	
LECHALLIER. Adieux à Rosette. . . . . *Romance*.		75
— Comme la vie. . . . . — .		75
— Elle n'est plus. . . . . — .		75
— Il faut encore avoir bon cœur. . . . *Romance*. 2118.		75
— Jaloux (le). . . . . —		75
— Je ne l'aime plus. . . . . —		75
— Mélancolie (la). . . . . —		75
— Paladin (le). . . . . — 2113.	1	
— Quaterne (le). . . . . —		75
— Rien. . . . . — 2816.		75
LIS (Ch.). Pêcheur (le). . . . . —		75
LECOMTE (Louise). Aveu (l'). . . . . — 2837.	1	
— Bonsoir! . . . . — 2839.	1	
NIEDERMEYER. Le Soir, Méditation poétique de Lamartine. 2840.	1	50
PANSERON (Aug.). Aimons, chantons, dansons. *Chansonnette*. 2876.	1	
— La même, arrangée à 2 voix. . . . . 2878.	1	
— Forban (le). . . . . *Ballade*. 2880.	1	
— J'ai bientôt douze ans. . . . . *Chansonnette*. 2871.	1	
— Vous avez pleuré! . . . . *Romance*. 2883.	1	
PLEYEL (Camille). Aveux (les). . . . . *Couplets*.		75
— Bien tendrement. . . . . *Romance*.		75

	fr.	c.
PLEYEL (Camille). Heureux qui près de toi. . . . . *Romance*.		75
— Soir (le). . . . . — .		75
— Mal inconnu (le). . . . . — .		75
— Regard d'amour. . . . . — .		75
— Rendez-vous (le). . . . . — .		75
— Rive enchantée. . . . . — .		75
— Tancrède. . . . . — .		75
— Tout bas! ou le vrai bonheur! . . . . . — .		75
ROPICQUET (A.). Conduis-moi, doux zéphir. *Barcarolle*. 2546.	1	
THOLLÉ. Couplets à une jeune fille. . . . . . *Romance*. 884.		75
— Couplets sur l'amitié. . . . . . . — 886.		75
— Inconstance (l'). . . . . — 885.		75
— Mes étrennes. . . . . — 796.		75
— Mort d'Atala (la). . . . . — 775.		75
— Romance de Florian. . . . . —		75
— Rossignol (le). . . . . — 789.		75
— Siége du clocher (le). . . . . — 838.		75
— Un jeune troubadour. . . . . — 776.		75
— Un peu d'amour. . . . . —		75
— Vaudeville du docteur Gall. . . . . —		75
TOLBECQUE (Ch.). Galant Sous-Officier (le). *Chansonnette*. 2707.	1	
WACHER. Sensitive (la). . . . . *Romance*. 641.		75
— Sympathie (la). . . . . — 649.		75
— Voyage à Barège (le). . . . . — 640.		75
VIMEUX (J.). Celui qu'il faut aimer. . . . . . — 2853.	1	

NOTA. Les articles marqués d'un astérisque (*) sont ceux qui, sans être du fonds, existent en nombre au magasin et seront donnés aux mêmes conditions.

Nouveautés

Publiées pendant l'impression du Catalogue.

POUR LE PIANO.

	fr.	c.
CZERNY (C.). Op. 249. Variations sur la walse favorite du duc de Reichstadt. . . . . 2893.	4	50
JADIN (L.). Rondo brillant sur un motif zélandais. . . . 2891.	6	
KALKBRENNER (Fréd.). Op. 120. Variations brillantes sur une mazurka de Chopin. . . . . 2903.	7	50
STRAUSS (J.). Op. 31. Charmantes walses composées pour le duc de Reichstadt. . . . . 2892.	3	75
— Op. 51. Les Plaisirs de Vienne, walses favorites. 2899.	3	75

POUR LA FLUTE.

	fr.	c.
CAMUS. Op. 30. Le Bouquet de Bal, air varié avec accompagn. de piano. . . . . 2898.	7	50
CAMUS. Op. 30. Les mêmes variations, avec accompagnement de quatuor. . . . . 2898.	10	

ROMANCES

AVEC ACCOMPAGNEMENT DE PIANO.

	fr.	c.
DUCHAMBGE (P.). Oublions-nous. . . . . . . *Romance*. 2894.	2	
FUNCKE (G.). Il a demandé l'heure. . . . . . — 2902.	2	
— Le Naufrage. . . . . — 2901.	2	
— Que je voudrais être rosière. . . . . — 2900.	2	
MASINI. L'amour du pays. . . . . — 2896.	2	

ERRATA.

Colonne 28. TULOU, op. 27, *lisez* Fantaisie pour flûte et piano concertans, *et non* pour piano et harpe.
— — 52. KALKBRENNER, op. 28, *lisez* Grande sonate pour piano seul, *et non* avec flûte ou violon et violoncelle.
— — 52. — — — — op. 39, — Grande sonate avec accomp. de violon ou flûte et violoncelle *ad lib.*, *et non* pour piano seul.

Table des Matières.

Fin de la Table des Matières.

IMPRIMERIE DE E. DUVERGER, RUE DE VERNEUIL, N° 4.

www.ingramcontent.com/pod-product-compliance
Lightning Source LLC
LaVergne TN
LVHW010004230826
846092LV00002B/646

* 9 7 8 2 3 2 9 6 6 8 8 5 7 *